宰相たちのデッサン

――幻の伝記で読む日本のリーダー

御厨貴＝編

ゆまに書房

はしがき

戦前期の宰相たちの「デッサン」が勢揃いした。もはや入手困難になった戦前期の宰相の伝記をシリーズとして刊行する試みの中から、本書の構想は生れた。列伝が揃ってみると、首相と言っても人によって個性があるように、伝記にも人によって個性があることが分かってきた。

ではというわけで、首相に即して、あるいは伝記に即して、もちろん『歴代総理大臣伝記叢書』に収録しえなかったものまで展望に入れて、広い視野から宰相列伝を見直し、各宰相の「デッサン」を描くことにした。もっとも誰に依頼するかは、早い段階から決まっていた。

そう、宰相中の宰相たる『原敬日記』全巻を影印本まで視野に入れながら、うまずたゆまず読破中のわが研究仲間たちである。東京大学駒場の秘境にある、先端科学技術研究センターで月二回開かれる『御厨塾・日本政治史プロフェッショナルセミナー』が、それだ。『原敬日記』を読むことの番外編として、他の首相たちに挑戦するのも面白いということで、私の提案は全員に受け入れられた。

自分が興味をもって書きたい首相を自由に選んでもらったところ、ほぼ重複がなかったのも驚嘆に値する。その勢いで「好きなものは好きだわ」の精神に重ねて、「デッサン」はたちまちのうちに出来上がった。二〇〇六年度在籍の『御厨塾』のメンバー全員から、一人の脱落者もなく（いや、編者である私が一番心配だったと皆の顔に書いてある）もぎとったのだから、これは快挙である。

各人の書きぶりもまた様々である。首相各人の個性に刺激されて、執筆者たちの個性の方がもっと豊かな成果として現われたかもしれない。生き生きとした個性が、これまた生き生きとした個性と出会った時の出会いの素晴らしさを、是非とも読者には味わって頂きたい。

改めて全員の「デッサン」に目を通すと、ここにあげられたのは全員が戦前の首相であるにもかかわらず、時空を超えて、戦後のいや現代の首相を論ずるにあたっても、充分意味のある指摘や、参照に値するエピソードなどが満載であることに気がついた。一般読者はもとより政治家やジャーナリストにも手に取って頂きたいと切に願うものである。

なお編集にあたっては『御厨塾』の事務局を勤める清水唯一朗君に、ご苦労をかけた。御礼を申し上げる。最後に幻の伝記を読み直す作業を通じて、近代日本のリーダーを論ずる面白い試みを仕掛けて下さった、ゆまに書房編集部にも感謝したい。

編者　御厨　貴

桜前線北上の日々の中で

目次

凡例

①本書は、『歴代総理大臣伝記叢書』（ゆまに書房刊）の『別巻　解題』を加筆増補したものである。なお、阿部信行については、まとまった伝記・自伝・回想録をあげることができなかったことをお断りしておく。

②各総理大臣の扉裏の写真は、とくに断りが無い場合は『歴代総理大臣伝記叢書』の当該巻から取ったものである。カバー掲載写真も黒田清隆（国立国会図書館ホームページ「近代日本人の肖像、首相編」）以外は同様である。

③各総理大臣の写真下の、生没年月日及び在任期間は、『国史大辞典』（吉川弘文館）、『日本史広辞典』（山川出版社）、『歴代首相物語』（新書館、二〇〇三年）を参考にした。但し、生年月日が一八七二年一二月三日以前は、日本の年号の年次のみ機械的に西暦に変換した。

1

伊藤　博文

伊藤博文
生没年：1841. 9. 2～1909. 10. 26
在任期間：(1)1885. 12. 22～1888. 4. 30
(2)1892. 8. 8～1896. 8. 31
(3)1898. 1. 12～1898. 6. 30
(4)1900. 10. 19～1901. 5. 10

西川　誠

『孝子伊藤公』
著者　末松謙澄
発行所　博文館
発行年　一九一一年

明治四十二年（一九〇九）四月十四日伊藤博文は、立憲政友会幹部原敬と会っていた。伊藤は、統監を務める韓国から帰国中であった。伊藤は、桂太郎と西園寺公望が助け合う状況を、薩長が対峙した時代のことのようであると述べ、当時自分は「長人より薩人の尻を嘗むるとまで悪口せられた」が、三条実美と岩倉具視は両者の調和を必要としていたと回想した。ついで六月三日、伊藤は再び原に昔語りをした。明治十四年政変は、紙幣増発による財政問題に行き詰まった大隈重信が唐突に言い出したこと、板垣退助の明治七年の建白は古沢滋が作成したもので本人は理解していなかったこと、自分は大久保利通に信任され、その結果三条・岩倉にも信用され天皇の信頼を得るようになったことを述べた（以上『原敬日記』）。伊藤がハルピンで銃弾に斃れる四ヶ月前のことである。

伊藤は過去に緘黙な質《たち》ではなかったが、『原敬日記』では、これ以前にはあまり記載はない。政治的野心にあふれ、成長を遂げつつあった原に、伊藤は何かを告げたかったのであろうか。そしてこの回想は、伊藤にとっての転機は何であったかを物語っているように思われる。

伊藤は、天保十二年（一八四一）九月二日、周防国（山口県）熊毛郡束荷《つかり》村に生まれた。父は林重蔵、母は琴、利助と名付けられた。利介・利輔とも書き、のちに俊輔と名乗った。重蔵は百姓であったが、安政元年（一八五四）軽卒（足軽）伊藤直右衛門の養子となり、一家挙げて入籍した。こうして利助は伊藤となり、最下層ながら武士の身分を得た。

伊藤の第一の転機は、安政三年浦賀警衛に派遣された際に、来原良蔵に出会ったことである。来原は伊藤に才を発見した。伊藤に書物を教え、さらには元来は他の藩士の手附（管轄下）にあった伊藤を自らの手附とした。そして吉田松陰の松下村塾に紹介し、桂小五郎（木戸孝允）に託した。こうして伊藤は長州藩尊王攘夷派の一員としての活躍の機会を得たのである。

伊藤が頭角を現すための資産は、英語力であった。伊藤は尊攘派の一員として、イギリス公使館襲撃や、本書では触れられていないが廃帝の調査をしていると噂された塙次郎の殺害に加わっていた。しかし伊藤には視野の広さと柔軟さがあったようである。外国を毛嫌いしていたわけではなかった。のちに盟友となる井上馨たちが藩からイギリスに派遣される際に、自らを売り込み、イギリスに渡航したのである。元治元年（一八六四）下関を外国軍艦が砲撃するとの報を聞き、伊藤は井上と急遽帰国した。そのため伊藤の在外は、正味は一年に満たなかった。しかしこの経験から得た外国情勢への洞察力と語学力で、諸外国との講和交渉に参加できた。長州藩の武器買い付けに重要な役割を果たした。鳥羽伏見の戦い後、伊藤は上京する。伊藤が神戸に着くと、ちょうど岡山藩士による外国人殺傷事件が起こっていた（神戸事件）。伊藤は語学力で交渉に当たる。こうして伊藤は、開港地神戸を抱える兵庫県知事に、明治元年（一八六八）に任命されたのである。

しかし伊藤は、専門官僚・技術官僚にはならなかった。おそらく意識的に選択したのであろうし、刀筆の吏には不向きであったのかもしれない（もっとも本書で述べられているように、重要な文書は自ら作成・添削するのではあるが）。伊藤は明治三年大蔵事務調査にアメリカに出向く。しかしその調査結果が大蔵省改正に大きく貢献したことはないようであるし、明治四年その専門事務に関連して大阪で印刷に従事していたがために廃藩クーデターには参画できず、印刷物も無用のものとなった。木戸は伊藤の不満をなだめるために、工部大輔に推挙している。

明治六年の征韓論政変では、開戦の危険性の高い西郷隆盛の朝鮮派遣を否定するために、伊藤は木戸と大久保の間を取り持った。吉田松陰は伊藤に「周旋の才」があると述べたが、当を得た指摘であった。陽気な性格と柔軟さが、対立を緩和し、可能な決着を導くのであろう。政変後伊藤は参議兼工部卿となり、これ以降長薩の二大藩閥を代表する木戸と大久保を、どちらかと言えば大久保寄りで仲介する。原敬に「薩人の尻を嘗む」と非難されたと述べたのはこの頃のことであろう。伊藤には、西洋列強と対峙する国家を形成するというより大きな目標があった。その目標のためには、薩摩閥と手を結ぶ柔軟さがあった。長州閥を相対化し得たのである。木戸・長州閥の利益のみを考えなかったところに、伊藤の第二の転機があった。原に述べるように、三条・岩倉の信用も得て、明治十一年の大久保殺害後、大久保の後任内務卿に、筆頭参議大隈でも薩摩閥でもなく、伊藤が就任したのである。

ただし、伊藤は松陰のこの評価を好んではいなかったようで、それほど松陰を祭り上げていないように思われる。また大久保寄りの姿勢は木戸をいらだたせ、その軋轢は周囲にも察知されるものであった。そのためか、伊藤は、本書でも述べるように別荘滄浪閣に三条・岩倉・大久保・木戸を祭る四賢堂を設けてはいるが、明治六年以後の木戸は神経衰弱であったとか、木戸より来原の方が人物は上であるとか、含みのある言葉を残している。

さて、大久保死後の集団指導体制は、明治十四年政変で崩れ去り、伊藤はまさに第一人者として台閣に立ち、憲法編纂に立ち向かうこととなった。しかし伊藤に目算があったわけではない。長州閥は強国の形成のために国民の「参加の拡大」という木戸の理想を共有していた。しかしそれでは先進国イギリスの憲法構造の呪縛からは脱しきれない。明治十五年、伊藤は政治生命をかけて憲法調査に渡欧した。そこで伊藤はウィーン大学教授シュタインと邂逅する。シュタインは、憲法学だけでなく、財政学・社会学・行政学に通じていた。シュタインは憲法を歴史的に説き明かしたのではないだろうか。そして、近年学界で強調されているのは、「行政の発見」である。それは、憲法を国王権限の民衆勢力による剥奪という視点で考えるのではなく、国王と行政と国会の三つの要素でとらえる視点である。明治国家を万国対峙の国家に導くためには、天皇の恣意から自立し、知識ある指導者が民意を先導する行政が必要であった。こうして帰国した伊藤は、自信を持って、憲法だけでなく、行政機関の制度設計を成し遂げていく。明治十八年には、効率の悪い不統一な太政官制を廃止し、内閣制度を導入、初代の内閣総理大臣に就任した。

憲法への知識は、伊藤に新たな政治資産を加えさせた。憲法の専門家としての権威である。この頃、藩閥指導者たちである元勲は得意分野を持っていた。特に長州閥は、憲法制定前後は、山県有朋が内務、井上馨が外交、山田顕義が法典整備と意識的に分担していた。ところが伊藤には、限られた得意分野は無かった。しかし憲法という上位のカードを手にした。明治二十二年の憲法制定を挟んでおよそ一〇年間、このカードはほぼオールマイティとして通用したのである。

明治十六年憲法調査からの帰朝後、憲法制定にとりかかる前に、伊藤には解決すべき課題が一つあった。それは三〇歳を超え政治的意志を持ち始めた明治天皇との関係であった。天皇の意志が、内閣という経路を通さずに発露してはならなかった。伊藤は宮内卿になり、明治天皇の政治教育に乗り出す。数々の対立を経て、天皇は伊藤を信頼するようになった。日露戦争前後、天皇は桂太郎への信頼も高める。宮内省には山県の影響力が強まる。しかし、伊藤の死に際し天皇は悲嘆したと伝えられるように、終生その信頼は変わらなかった。伊藤は今ひとつ新たな政治資産を手に入れていたのである。

明治十七年、朝鮮で、日本公使が関与するクーデター未遂事件が起こった（甲申事変）。朝鮮との緊張のみならず、朝鮮の宗主国の清との緊張感も高まる。伊藤は、薩摩閥の西郷従道を率いて渡清、李鴻章との間で、日清両軍の撤兵、派兵の際の相互通告を内容とする天津条約をまとめ上げた。征韓論政変以後、伊藤は薩摩閥寄りの調整を行ったが、対外戦争は避けるという点では、木戸派の、長州閥の対外観を維持した。このときも薩摩閥海軍を中心に主戦論が高まっていた。しかし清に対する軍事的劣位は明瞭であり、西郷の協力を得て戦いを避けたのである。近年の研究では、こののち日清英による東アジアの安全保障体制が確立したとの見解も出されている。伊藤の列強の動向を見極める広い視野が為し得たものであった。伊藤を中心とする明治政府は、東アジアの安定に務め、そして軍事的劣位の解消を目指していったのである。

明治二十五年、伊藤は元勲総出の第二次内閣を組織する。憲法発布・国会開設後、伊藤は初めて内閣を組織した。曲折はあるが、衆議院の多数党自由党との関係を良好にし議会運営の道筋をつけ、イギリスとの条約改正を達成し、日清戦争を決意し勝利に導いた。

明治三十一年伊藤は第三次内閣を組織するが、与党形成に失敗し半年で辞職してしまう。伊藤の立憲制理解への周囲の信頼が揺らぐ。伊藤は、明治国家の安定的発展という目標のために、政党組織に乗り出す。そして明治三十三年立憲政友会を組織した。議会運営には与党が必要という事実の前に、柔軟性を発揮したのである。

しかしこのことは、政党と対決して来た藩閥政治家の反発を招いた。多くを譲らず藩閥と官僚の利益を護った前首相山県の方が余程うまく憲政を運営したではないか。こうして山県の威信が高まり、山県閥が形成される。他方、立憲政友会に旧自由党系が挙党参加したために、伊藤は政党員という異分子を抱え込んだ。政友会成立後の第四次内閣は半年しか持たず、明治三十六年には、政友会から手を引き枢密院議長に就任せざるを得なくなってしまう。

列強の事情に詳しく広い視野を持つという特性も、鈍ってきたようである。ロシアの満州駐兵に対処するために日英同盟論が起こったときに、伊藤は「光栄ある孤立」を外交方針としてきたイギリスが同盟を結ぶ筈がないという判断に固執する。

このように二〇世紀に入る頃から、伊藤は精彩を欠いてくる。本書では、明治三十三年のインフルエンザ罹患以来伊藤が「老人じみる」と記す。肉体的老いが、伊藤の柔軟さを奪っていったのかもしれない。

伊藤は「初代」に着くことが多く「初物食い」といわれたが、伊藤にとって制度は所与のものでなく、創り上げるものであった。老いが見えたと言っても、必要とされれば喜んで乗り出していった。明治三十八年初代統監として韓国を日本の影響下に置く努力を開始する。結果的には、統監就任は伊藤の死期を早めることとなった。

また政友会総裁を辞任したことで政治力は衰えていたが、強力な政治集団山県官僚閥の中心桂太郎が長州出身で伊藤を立てる限り、そして今ひとつの政治集団政友会が伊藤の後継西園寺公望に率いられる限り、高次の調整には伊藤が不可欠であった。伊藤は、二つの政治集団の対立の渦中にいる原敬が苦心しながらも力を付けつつあるのを目の当たりにして、対立の調整者となった自分を三条・岩倉に擬して壮年期を回顧したのではないだろうか。原君、君には自分の道が歩めるかと。

最後に本書『孝子伊藤公』について述べよう。編者は伊藤の女婿末松謙澄である。末松は伊藤の幕僚として政治活動も行った。また毛利家歴史編輯所総裁として『防長回天史』を編纂し、その過程での産物として明治三十三年には『伊藤井上二元老直話維新風雲録』を刊行している。さらにいえば、青年期にケンブリッジ大学に入学して法学士を取得し、また在英中には「源氏物語」を英訳している。本書の特徴は、伊藤が家族宛に出した手紙を史料として掲載している点である。しかしそのことと、タイトルが『孝子伊藤公』であることとのために、本書の価値は内容以上に低くとらえられている。伊藤の伝記部分を読めば、末松が伊藤のそば近く存在し、幕末の長州藩の状況に精しく、文才がある人物であったために、良質の伝記となっていることが分かるであろう。明治十四年政変までは、当時未刊行の「木戸孝允文書」や「木戸孝允日記」「大久保利通日記」が使われて特に優れており、また現在の研究水準からすれば誤りもないではないが良質の歴史書ともなっている。明治十四年政変における経済問題への着目などは、歴史家末松の実力を示していよう。これに反して後半部は、伊藤の動向には精しいが歴史的な叙述は省かれている。叙述するには、まだ枯れ切っていなかったのであろう。

伊藤の伝記では、ほかに『伊藤博文伝』上中下が、数多くの史料を収め、定評がある。伊藤の伝記的理解の出発点となる書籍である。伊藤の史料としては、自筆文書等を編んだものに、『伊藤博文秘録』正続、『伊藤公全集』、『滄浪閣残筆』があり、手元に残った史料を編纂したものに『秘書類纂』全二七巻がある（原史料の一部は刊本に含まれていない）。他方伊藤に来た書簡を整理したものに『伊藤博文関係文書』全九巻がある。伊藤の発言を留めたりして伊藤の姿を彷彿とさせるものには、伊藤に近侍した人々の『藤公余影』『伊藤公直話』『春畝公と含雪公』などがある。

2

黒田　清隆

国立国会図書館ホームページ「近代日本人の肖像，首相編」

黒田清隆
生没年：1840. 10. 16～1900. 8. 23
在任期間：1888. 4. 30～1889. 10. 25

2　黒田清隆

塩出　浩之

「黒田清隆伯」（『明治功臣録　玄の巻』抄録）**文献①**

編者　明治功臣録刊行会編輯局
発行所　明治功臣録刊行会
発行年　一九一八年

「黒田清隆侯」（『明治偉傑集　上巻』抄録）**文献②**

編者　松栄閣編輯部
発行所　松栄閣書房
発行年　一九二六年

「伯爵　黒田清隆」（『天下を取った人々　Ⅰ』抄録）**文献③**

著者　原田指月
発行所　文武書院
発行年　一九二九年

第二代内閣総理大臣・黒田清隆には、いわゆる正伝が存在しない。後年の首相ならばともかく、〝維新の元勲〟黒田を考えると、これは異様なことだろう。

一九〇〇年に死を迎えるかなり前から、黒田は政治的影響力、というより存在感をほとんど失っていたふしがあり、没後すぐに顕彰の機会に浴さなかったのはやむを得ないかもしれない。しかし一九一〇年代以降、先輩政治家を含む多くの〝元勲〟たちについて正伝や史料集が編まれたにも関わらず、黒田は忘れ去られた。なぜか。思うに、大正から昭和戦前期に〝明治回顧〟は一種の思潮にまでなったにも関わらず、その中で黒田の足跡は、極めて意味づけにくいものと映っていたのではなかろうか。

維新期の「外政家」

首相以前の黒田の歩みを辿ると、第一に維新期の政治外交、第二に北海道開拓長官としての経歴が目立っている。というより、首相・黒田のイメージは、稀薄である。

薩長連合交渉での薩摩側の使者として政治生活をスタートさせた黒田は、清沢洌が大久保利通について指摘したように(『外政家としての大久保利通』一九四二年)、いわば藩国家の外交官であった。戊辰戦争で彼がたびたび行った帰順工作(代表は対榎本武揚)や、樺太問題をめぐる対露非戦論には、単なる軍人とは異なる黒田の志向がよく現れている。恩人・西郷隆盛の私学校党をはじめとする征韓派をしり目に、日朝修好条規締結の特命全権大使という大任を果たしたことは、外交家・黒田の頂点といえよう。

もっとも、征韓をはじめとする近隣への膨張が実現(しかも立憲政治の確立と相まって)してしまった後年には、大久保や黒田の外交姿勢は評価を得にくくなった。当時から民間で不評を買った樺太放棄は、「後年の史家」から「窘窮」の的となったのである（①四七三頁）。

北海道開拓使と明治一四年政変

黒田に対する決定的な位置付けは、開拓使時代のそれである。数少ない伝記も、井黒弥太郎『黒田清隆』（一九七七年）を除くほとんどは、北海道開拓の偉人としての黒田に終始する。しかも、開拓使の幕切れ（明治一四年政変）が黒田の政治生命を大きく損なう結果となっただけに、この時代を理解することは不可欠である。

とはいえ、ここで黒田の開拓政策自体について云々するだけの紙幅はない。行論の上で重要なのは、黒田が北海道開拓に注いだ情熱が、立憲政治への否定的態度と結びついた、いわば開発独裁的志向に基づくものではなかったかということである。

そもそも北海道は明治初年の領土確定以来、入植・開発のための特別統治が施かれた従属地域であり、開拓使は一般府県とは異なり、省庁と同格の強大な官庁としてこれを統治した。これは帝国憲法以後であれば、おそらく「総督府」として位置付けられたはずである。黒田自身、例えば外国資本による鉱山開発のため、日本坑法を北海道では「斟酌」して適用するという態度を示しており（『新撰北海道史』第三巻、一九三六年）、北海道の特別統治を充分に活用していた。

この開拓長官としての経験は、民権派への否定的態度を強化したであろう。一八八〇年二月、黒田は三大臣から諸参議への指示に応じた憲法建議で、民間の国会開設論を「徒に……政府に抗抵するの具」「一知半解」と退け、国会開設は尚早、教育・法典・農工商業の整備を待つべしと説いた（「黒田清隆関係文書」）。それは黒田の主観では、大久保利通の漸進論を受け継いだ判断だったかもしれず、また「開拓精神が意識的に政治を疎外」する北海道植民者の行動様式と符合するものでもあったが（榎本守恵『北海道開拓精神の形成』一九七六年）、この時点の中央政治の状況では、もはや諸参議のうち最も消極的な意見であった。

いわゆる官有物払下げ事件による黒田の失脚は、以上のような脈絡で理解すべきだろう。同郷の五代友厚や開拓使の部下への払下げという行動の安易さはともかく、黒田は「新聞記者が一枝の筆を以て論ずる位の事は屁の屁とも思は」ずと、民間世論をあからさまに軽視していた（『朝野新聞』一八八一年八月二七日）。だが実際には、民権派にとってこの払い下げは、「官」が「国民」の共有財産を「私」にするものとして、国会開設の必要を訴える恰好の攻撃材料となり、政府はこれに応じざるを得なかった（塩出浩之「議会政治の形成過程における『民』と『国家』」（三谷博編『東アジアの公論形成』二〇〇四年））。明治一四年政変は、結果的に立憲政治樹立の分岐点というべき象徴的な意義を帯びることとなり、黒田はその過程で、民権派が排撃すべき〈官＝私〉の代表という烙印を押されたのである。より悪質と思える尾羽沢銅山事件での井上馨さえ致命傷には至らなかったのを考えると、一四年政変が黒田に与えた打撃は、実に大きかったといえる。なお事件について、①③は「伯の公明正大」「世間の誤解」と弁護はするが、具体的には黒田自身の書翰に語らせるのみで、政治史上の評価は避けている。②は、ほとんど触れるところがない。

その後、内閣制度成立過程で右大臣、のち初代総理大臣への黒田就任如何をめぐって起きた混乱については、①〜③の刊行時には知られていなかったようだ。ここでは、黒田が大久保・西郷亡きあとの薩派の領袖として、薩長均衡の力学によってたびたび再起の機会を得たこと、ただし黒田個人の性情（酒癖、妻殺しの風評などを含む）が大いにその妨げとなったことを確認しておくにとどめる。

清国、シベリア〜欧米という二度の外遊を経て、黒田は伊藤内閣に農相として入り、ついで第二代の内閣総理大臣に就任した。黒田がようやく辿りついた復権であった。

第二代首相（一八八八年四月〜一八八九年一二月）、**「超然主義」**

黒田の首相在任中における最大の出来事といえば明治憲法の発布だが、明治天皇から憲法を授けられる姿を絵画の形で目にしていても、黒田個人と憲法とを結びつけて認識することはあまりない。それは憲法制定が伊藤博文の事業であることがあまりに明白なだけでなく、既に述べたように一四年政変の結果としての、立憲政治からはほど遠い黒田像も影響しているだろう。

しかし黒田は首相として、立憲政治に対応した重要なアクションを起こしている。組閣に際しての〝元勲〟網羅、そして憲法発布直後における「超然主義」演説である。「超然として政党の外に立」つと謳いながら大隈重信、後藤象二郎という政党勢力の首領を閣員に擁したのは、坂野潤治氏が指摘したとおり、国会開設を見通した「政府支持党の拡大」の意図であろう（『明治憲法体制の確立』一九七一年）。

このとき黒田に影響を与えた一つの要素は、井黒前掲書も指摘するように、ヨーロッパ外遊時の〝シュタイン詣で〟だと思われる。

黒田の失意時代における二度の外遊は、どちらも黒田自身が記録を刊行したため（『漫游見聞録』一八八八年、『環游日記』一八八七年）、①〜③とも言及している。共通項は、欧米学習に対する自己差異化である。清国旅行では、維新以来欧米各国への視察・遊学は盛んながら清国が軽視されていると指摘し、対清貿易の可能性（特に北海道物産の販路）を探った。シベリア〜欧米旅行についても、欧米については多くの調査報告があるとして、重点はもっぱらシベリアに置いた。

だがウィーンを訪れると、黒田はなんと二週間にわたってシュタインから「憲法政治」講義を受けた。この唐突に思える行動は、明らかに伊藤を意識したものといえよう。

シュタインの講義内容は多岐にわたるが、その一節に「政府は各党派の上に立ちて、総ての党派を総べ、一の党派のみの人を用ゆべからず。若し一の党派に偏するときは、是よりして種々の弊害を生ずるに至るに付、各党派の人を併せ用て権衡を保つ様にすべし」とある（『環游日記』一四八頁）。これは講義三日目の終わりに一言記されているだけで、黒田は何等のコメントも発していないが、この一言が、元勲網羅・超然主義という政策のヒントになったのは間違いないだろう。

黒田としては、伊藤の後塵を拝するのに抵抗はあったろうが、こうした投資があればこそ、帰国後、伊藤と協力しての国政運営が可能となったのではなかろうか。ただし結果としては、一方で大隈・後藤の入閣は政党勢力の当惑と内紛を招き、他方で「超然主義」の語は後年、政党に基礎を置かない組閣方針としてのみ記憶された。「初代薩派内閣」との呼称（①五〇七頁）は、この内閣の印象の薄さ、分かりにくさをよく示している。

条約改正交渉の挫折

黒田はまたシュタインに対して、「海陸軍は天子の直轄なるべし」の具体的意味や、国会の政府案否決に際しての大臣の進退などについて質問を発していた。こうした学習も、黒田が長く政権の座にあれば意味を持ったかもしれない。しかし大隈重信外相による条約改正交渉の挫折のため、黒田内閣は一年半ほどで終わりを迎える。

大隈条約案の最大の問題は、大審院への外国人法官任用が憲法に抵触したことだが、これは条約改正交渉が憲法制定に先行していたため、当初想定できなかったのが落とし穴であった。しかし敢えていえば大隈の失敗は、条約改正の功を急ぐあまりか、憲法制定作業に殆ど立ち会おうとすらしなかったことだろう。かの枢密院での憲法草案審議に、大隈は一度しか出席しなかったのである（稲田正次『明治憲法成立史』上下、一九六〇‐六二年）。

黒田は、民間で条約改正中止運動が沸騰し、閣僚の殆どが中止やむなしと判断した後も断行方針を貫いた。これは当時新聞でも報じられた所であり、①〜③も特筆している。

来島恒喜による大隈への爆弾投擲という突発事態が起こらなかった場合、黒田が改正断行でどこまで押し通すつもりだったかは分からない。だが少なくとも、大隈を切り捨ててまで政権を維持しようという気はなかったのであろう。以て「薩摩隼人の風格」と評された（①五一六頁）ように、いかにも黒田の人格を物語る、いやそれ抜きには説明しがたいことであった。

その後の黒田については、触れるべきことはあまりない。何度か大臣の座にもつき、元老として一定の働きは果たしたものの、基本的には〝降りた〟政治家となった。

かくして、立憲政治の確立、条約改正といった輝かしい明治の達成ストーリーにおいて日陰者としてしか組み込まれず、なおかつ一九〇〇年という比較的早い時期に世を去った黒田は、戦後に北海道民が顧みるまで「埋れたる明治の礎石」（井黒弥太郎、一九六五年）となったのであった。

3

山県　有朋

山県有朋
生没年：1838．閏4．22～1922．2．1
在任期間：(1)1889．12．24～1891．5．6
(2)1898．11．8～1900．10．19

五百旗頭 薫

『山県元帥』

著者　杉山茂丸
発行者　博文館
発行年　一九二五年

山県有朋（一八三八―一九二二年）は明治日本の主人公ではないが象徴であった。その象徴ぶりについては、いくつかのとらえ方があろう。

例えばこうである。若い頃の「狂介」という名乗りは、幕末の志士にあったファナティズムを強く想起させる。過激な攘夷論者であり、奇兵隊で活躍し、討幕に情熱を燃やした。維新後も廃藩置県の断行を首唱したのは山県であると伝えられる。さらに朝野の反対を押し切って徴兵制を導入し、地方自治制の確立に精励した。山県は明らかに、維新の創業精神を体現する一人であった。自由民権運動に対する断固たる強硬姿勢も、方向性はともかくとして、壮年期山県の気概を示しているといえる。

そして山県が明治日本の象徴であるのは、明治前半までの制度形成期の躍動を象徴するからだけではなく、明治後半の制度定着期の閉塞感をも象徴するからである。帝国憲法施行の後、山県は二回、総理大臣として政権を担当したが、どちらの場合も彼は強い難色を示し、三条実美臨時首相や隈板内閣といった短命政権を間にはさんでから、ようやく大命を拝受した。政党に対しては反感を抱いていたが、隠忍・妥協して議会運営を全うした。積極的な経綸を発揮したり政権の長期化を図ったりするよりは、辞める機会を逸するのを恐れるかのようであり、行き詰る前に伊藤博文等の迷惑と反対を押し切って退陣した。といっても権力から退く考えはなく、国家機構内に巨大な派閥を形成して政党の政権参入に抵抗した。

したがって、明治の変貌を誰よりも鋭利に象徴するのが山県の変貌であると思われたのである。日清戦争後には「往時の狂介は石炭の如く、今日の有朋は骸炭《コークス》の如し」（無何有郷主人『山県有朋』民友社、一八九六年、九〇頁）とまで言われ、第二次内閣を担当した後も、彼の人生は「猶山手辺の井戸の如し、前生涯は清冽の水、混々《(ママ)》として湧き出でたるも、後生涯は一の古井戸と化して、之を窺へば、一種凄愴の気、人を襲ふを覚ゆ」（茅原廉太郎『人物評論』一九〇一年、一六八頁）と評された。この山県の政治的消極化は、茅原の理解では「維新革命の正子も、憲法政治の時代に至て、依然、正子たらんとするは、歳月之を許さす」（同前、一八一頁）という宿命によるものであった。伊藤や大隈重信は晩年まで華々しい言動で脚光を浴びていたので、こうした宿命を最も体現したのは山県であった。山県の慎重・謙遜を、鳥谷部春汀のように陰険と取るものもあれば（『明治人物評論』第一冊、博文館、一八九八年）、朝比奈知泉編の『明治功臣録』のように（伊藤に対する）お人好しなまでの協調性であったと弁護するものもあるが（天之巻、東京新報社、一九一五年）、藩閥政府の護持に苦心した守勢の政治家という認識では共通している。このように、山県の政治的生命力を過小評価する解説が有力であったことが、その政治生命の長期化を容易にしたのかもしれない。

明治後半にも志士を自任するものは多かった。後年、彼等が自分達の活動の意義を証ししようとした時、障害となったのが明治国家の閉塞のイメージであり、このイメージを補強していたのが、ここまで述べたような山県像であった。この山県像というハードルを越えて見せたのが杉山茂丸（一八六四―一九三五年）である。

杉山は福岡藩士の長男として生まれた。薩長への怨念を抱き、伊藤博文を暗殺しようとしたこともあったが、玄洋社と親しむ中で藩閥の矯正へと方針を改め、政界の黒幕として活躍した。

本叢書に採録された杉山の山県伝の本体部分は、既存の山県イメージを覆すものではなかった。前半生においては倒幕・廃藩置県・陸軍や地方自治制の建設といった事業にまい進した姿を描き、後半生の政権担当については淡白であったと強調する。

ただし、杉山がこうした山県像に満足していたとは思えない。第一議会の運営について、「帝国の安危を一身に担ふたる精神の旺盛なりしが為め、此堅忍不抜の心を以て、此議会の終末まで辛抱した気概に至つては、全く前後を通じたる一人者であつた」（二五三頁）と述べているのは、山県の「辛抱」が後向きの我慢ではなく、「精神の旺盛」や「気概」の発露であるとあえて主張したかったからであろう。しかしこの主張は伝記の本体では明確には展開されない。

杉山の山県伝を興味深くしているのは「読者に告ぐ、以下の文字は、無理に読まぬでも宜しい」（三七一頁）と前置きして百数十頁にわたって記された追録である。

追録で杉山は山県との交わりを回想している。杉山と山県・伊藤・桂太郎・児玉源太郎との間で語られたことが発端となって、日清戦争・政友会結成・日英同盟・日露戦争・アメリカでの外債募集・日韓併合といった重大決定が行われたとされる。杉山の回想が正確か否か、正確だとしてこれらの決定に至る因果関係の中でどれ程の重みを持つかはここでは問わない（杉山自身、この種の回想のことを「芥子粒の自慢」と謙遜していた）。杉山が一書生としての自分と山県との関わりをどのように描いたかが問題である。

杉山はなぜ山県に用いられたか。山県が杉山を用いる際に最も警戒したのは、杉山の発言が山県の考えとして流布することであった。日清戦争前夜、杉山が朝鮮半島で紛争を起こすことを提案した際、山県は不快そうに席を立ち、紹介者の佐々友房にも抗議した。こうして杉山との表面上の関係を絶った上で、内密に彼に資金援助をしたという。その後も山県が杉山を重用するようになったのは、杉山に「私心」（三九七―三九八頁）がないからであった。私心がないものは捨石になることを厭わない。そのような人間こそ山県に重用され、山県が言いたくても言えないことを代弁するのである。

杉山が山県に用いられただけでなく、杉山の意見が山県を動かしたのはなぜか。追録を読むに、単に杉山の雄弁や見識のためではない。山県は老獪であるだけでなく、自らの出自であるところの書生の気質を残存させていた。杉山の極論が山県を説得していく過程は、「（前略）吾等は、今枢密院議長である、伊藤と云ふ総理大臣が居るので、何ともお答は出来ぬのであるが、併し吾等も一個長州書生の成り上がりであるから、大いに君のお咄には興味を持つが」（三七九頁）という山県の反応に見られるように、杉山の建言をきっかけに書生としての山県が大官としての山県とせめぎ合い、勝利する過程である。同様にして、大官同士の争いにも、杉山は介入する。杉山は山県に、青年期の伊藤との同志的結合を思い出させることで、伊藤に対して常に一歩を譲るよう説得し得た。山県は涙を流しながら、自分は親と早く死に別れ、成人したのは一に師友の導きによる、稀有の友人伊藤に譲ることは恥ずかしいことでも何でもない、と述べたという（四七五頁）。山県が謙遜であったのは陰険であるからでもなく円熟したからでもなく、青年期の志を更新したからなのである。

このような志士―杉山―と元志士―元老―の交わりは、衝突と和解を含んだダイナミックなものとなる。特に稚気にあふれた伊藤との間はそうであって、日清戦争の講和条件や日韓併合の是非をめぐって伊藤と杉山は激しく言い争う。山県も、政友会が第二次山県内閣に敵対したのに怒って杉山を「石田三成」（四三四頁）と罵倒したり、宮中某重大事件をめぐっては険悪な対立に至った。このような志士同士の癇癪があるからこそ、やがてそれを乗り越えた包容力を示す先達山県に、杉山は心服したのである。

志士の物語には何かが欠けていた。志士が革命政権をつくるのであれば、志士だけで物語は完結するかもしれない。しかし志士の奔走は必ずしも権力を握るためではない。かつて青雲の志は志士の必須条件と思われていたが、そこには不純さが免れないことを藩閥や自由民権運動が身を以て示した（杉山は藩閥を政権の「窃盗」、政党を「強盗」と呼んでいた）。大事を成し遂げるには名利はむしろ邪魔でさえある（杉山は自らのこのような考え方を「モグラ主義」とか「能率主義」などと称した）。そして良くも悪くも明治国家は安定しており、権力の担い手を更迭する状況ではなかった。頭山満であれ杉山であれ、あるいは宮崎滔天であれ、名利を超越した群像が政府と微妙な関係を取り結びながら国権拡張に協力したり海外に雄飛したりする。

もちろん、名利は求めないが何かを成し遂げようとする。純粋な志士に必要なのは元志士の老人であった。権力と責任を一身に背負いながら、志士を包容し共鳴できる老人である。宮崎の『三十三年之夢』（国光書房、一九〇二年）がこうした老人を得られず七転八倒する物語だとすれば、杉山は山県と自分の間に、こうした老人―志士関係の模範を描いたといえよう。こうした交わりによって、藩閥政府が維新のエネルギーを再補給した面はあると思う。

杉山の山県観をどう継承するかは未決の問題である。

戦前における山県伝の代表格は、徳富蘇峰『公爵山県有朋伝』（全三巻、山県有朋公記念事業会、一九三三年）であるが、政治家・元老としての山県―それは徳富としては専ら第一次組閣以来の山県を意味する―への基本的な評価は、引き際を心得た兵家の進退であったとして、頼もしく（時には物足りなく）思うというものであったから、杉山以前の山県観に回帰した観がある。ジャーナリズムにおいては憲法制定・国会開設を政治の画期とする認識（ないしその裏返しとしての幻滅）は根強く、山県論もその影響を受けていたのであろう。

一方で、明治維新の中にあった立憲制ないし民主化の萌芽と、これを抑圧する流れとの対抗の相で歴史を描く伝統は戦前からあり、そこでは後者の顕在化は早い段階、たとえば明治初年における薩長閥の主流化から見出される。敗戦後、明治憲法が相対的ないし負の価値を帯びるようになると、山県伝の世界にもこうした視角が本格的に流入する。そこでは、山県の生涯の転換点は老化や円熟というよりも保守化として、より早い段階に設定される。御手洗辰雄『山県有朋』（時事通信社、一九五八年）では参事院議長・内務卿に就任し、軍事行政から政界一般へと活動範囲を広げた一八八二、三年頃、藤村道生の『山県有朋』（吉川弘文館、一九六一年）では日清戦争まではゆらぎがあったとしつつも、西南戦争によって一応の国家形成を遂げ、かつ開明的な先達であった木戸孝允が死去した一八七七年頃を保守化の転換点としているのは、このような観点からである。

人の生涯は前後に截然と区分されるものではない。御手洗も藤村も山県の幼少期からの慎重・勝気・視野の偏狭などに後半生への伏線を見出している。しかし、画期をさらに前倒しし、進歩から保守への転換点というよりは政治的人格の結晶点を内在的に見出す伝記も可能であろう。山県伝の白眉である岡義武の『山県有朋―明治日本の象徴―』（岩波書店、一九五八年）がそれである。岡は、政治状況の推移を周到・簡潔に描写しつつ、その中での山県の政治的人格形成を優れた構成力でとらえた。すなわち、山県は過激な尊皇攘夷論者であったが、西洋の軍事力に抗しがたいのに気づいて民族的危機感を一層強め、幕府の打倒と西洋文明の摂取へと針路を再設定した。

西洋文明に接触し、圧倒されるに比例して、彼のナショナリズムは一層強まり、天皇を中心とした民族統一への信念を強固なものとした。かくも強固な信念は自由民権運動といった異端を容れないものであり、使命感と不可分な形での苛烈な権力意志を形成した。憲法制定後の山県の政治行動も、岡としては当然に政党に対して戦闘的な面を強調した。日清・日露戦争を経て明治国家が一応の目標を達した後も、専ら民衆の動向に危惧の念を募らせることで、山県の主観においては使命感と権力意志は一体であり続けた。この権力意志の一貫性において、山県は他の誰よりも明治日本の象徴たり得たのである。

元来、山県は慎重な性格であり、かつ伊藤の政治的な閲歴や見識に対しては引け目を感じていた。その彼が強烈な権力意志を抱き続けるにおいて、頼みにしたのが巨大な派閥であった。杉山が描く山県周辺には、桂や児玉が蔭で「親爺」と呼びながら山県に苦言を呈したりいたわったりする闊達さがあり、中でも一番自由な杉山が一番頼りにされた。岡の描き方は異なっていた。「山県は元来、自己の系統に属するものの庇護について慎重な配意を絶えず怠らなかったが、しかし、彼にとっては、その派閥網は彼の意志に仕える一つの道具にほかならなかった。従って、彼の系統に属するものが彼に対して常に従順であることをあくまで期待し、また彼らが山県の意向にそわない主体的な動きをなすことを極度にまで嫌った」(九八頁)。

権力関係の次元でとらえるならば、岡による山県閥の分析は説得的である。しかし、権力意志がかくまで一貫し得たことを理解するためには、山県の日常的な生理に踏み込む必要がある。それは単に健康や節制の問題ではない。岡もそれを知っている。山県が明治国家の発展と自己の権力の維持・拡張に営々とする合間に、新しい邸宅を建て、庭園を造成する姿を岡は点描している。山県が自己の政治スタイルの中にある盆栽趣味的な几帳面さを椿山荘や無隣庵や古稀庵に昇華したかのようである。あるいは和歌を詠む姿を点描している。人間的叙情への欲求を穏便に満足させているかのようである。「この歌には、身辺に迫る老いの孤独が、籠められている。過ぎ去った過去を回想して、このように老年の感傷に耽るひとときも彼になかったわけではない。けれども、山県は権力をあくまでも愛した。彼は彼の系統のものを操って、自己の勢力を維持し強化し拡大するためには正に老いを忘れていたといってよい」（一三〇頁）。

杉山を信じるならば、もう一つの生理現象として、自身の青年期と邂逅するという回路があったようであるが、岡の山県伝ではそれが閉じられている。杉山を含め同時代人の証言では、元老達はしばしば大きな感情の起伏を伴いながら回顧談を行う。それを通して元老達はお互いの紐帯を確認し、後進達は明治国家創業との間接的な一体感を享受する。そうなると、青年期との邂逅は、一山県の生理ではなく、政治指導者達の競合と統合を象徴する形式になるかもしれない。ならないかもしれないが、岡の限りなく水準の高い評伝に何か物申すには、「法螺丸」とあだ名された杉山茂丸を参照する位しか今のところ手がかりが見当たらない。

4

松方　正義

松方正義
生没年：1835. 2. 25～1924. 7. 2
在任期間：(1)1891. 5. 6～1892. 8. 8
(2)1896. 9. 18～1898. 1. 12

塩出　浩之

「井上侯と松方侯」（『明治功臣録　天之巻』抄録）**文献①**

編者　明治功臣録刊行会編輯局
発行所　明治功臣録刊行会
発行年　一九一五年

「公爵松方正義」（『天下を取った人々　I』抄録）**文献②**

著者　原田指月
発行所　文武書院
発行年　一九二九年

「伯は明治四年大蔵省に入りしより三十三年に至るまで三十年の久しき、殆んど間断なく心血を財務に注ぎ、百般の艱難を経て、幾多重要の事業を成就す。民間経済の発達亦伯に負ふ所多し。其功、実に偉なりと謂ふべし」

全一五巻の大著『明治財政史』には「松方伯財政事歴」との別名があり、冒頭の「松方伯略伝」では右のような賛辞を捧げている。

松方正義の名を知らしめているのは、何より財政家としての事績であることは論を待たない。単純に計算して、松方が大蔵卿または大蔵大臣を勤めた期間だけでも計一五年以上にわたる。その間に行われた事業たるや、不換紙幣整理や金本位制実施をはじめ枚挙にいとまがない。ただし反面で、二度まで首相を務めたにもかかわらず、政治指導者としての松方は像を結びにくい。その二度ともが蔵相兼任であり、専業で国政運営を担当したことがないというのが、いかにも松方らしい。

松方の伝記としては、中村徳五郎編『侯爵松方正義卿実記』、およびこれを底本とする徳富蘇峰編『公爵松方正義伝』がよく知られている。意見書や書簡類をふんだんに引用したこれらの浩瀚な伝記に比べて、今回覆刻となった①②は小部だが、世上で松方に抱かれていたイメージを知るには適しているだろう。

遅咲きの元勲

幕末に大久保利通の「誘掖補導」（①五一一頁）のもと、島津久光の側近として重用された松方は、明治維新（一八六八年）に際して三三歳。西郷隆盛（一八二七－一八七七）・大久保（一八三〇－一八七七）・木戸孝允（一八三三－一八七七）を除く、いわば第二世代の元勲政治家たちのなかでは意外なほど年長に属する。しかし久光の側近という立場上、維新以前に目立った功名に乏しかった松方は、新政府における格付けは低く、薩派の中でも、五歳も年下にあたる黒田清隆に一歩譲らざるを得なかった。

しかし日田県知事としてまず成果を挙げた松方は、一八七〇年に民部省（一八七二年、大蔵省）に出仕して以後、地租改正事業に中心的な役割を果たしたのを初めとして、財政家としての手腕によって着実に重きを為していった。そして一八八〇年の参議・諸長官分離を期に大蔵大輔から内務卿へ転任した松方が、さらに決定的な地歩を得たのは明治一四年政変による。すなわち、⑴政府を逐われた大隈重信に代わって、松方は大蔵卿・参議に就任した。また、⑵薩派の首領格となっていた黒田は、この政変で政治生命に大打撃を蒙ったのである。この二点は、松方の存在感を相対的にいや増す結果となったといえよう。さらに不換紙幣整理の断行は、財政家としての松方に確固たる信頼感を附与した。かくして、黒田の第二代首相としての返り咲きが大隈外相との共倒れで終わって以後、松方は長派の伊藤博文・山県有朋と政権を回り持ちするまでになったわけである。

もっとも、松方の地位上昇はあくまで相対的な、番付上の上昇であった。財政は別として、国政運営、それも発足まもない立憲政治を舵取りするための知見や指導力を、伊藤や山県は期待しなかったふしがある。また松方当人も政権にあまり積極的だったとは見えず、「資性恬淡」のイメージ（①五三九頁）は、広く共有されていたようである。

第一次内閣（一八九一年五月～一八九二年八月）

第四代の内閣を組織したとき、松方は来たるべき第二議会において自由党・立憲改進党の「民党」連合との衝突を予期しえただけでなく、閣内では品川弥二郎内相・陸奥宗光農商相の政党対策をめぐる路線対立を抱えていた。しかも品川・陸奥の対立は、それぞれ山県・伊藤の代理戦争の体をなし、松方はしばしば閣外「元勲」からの助言あるいは掣肘を受けた。

閣内統一を図るべく、伊藤―陸奥の提案で「内閣議決書」が作成され、政務部が設置されたが、これも白根専一ら内務官僚の抵抗で機能不全に陥り、有名無実化した（佐々木隆『藩閥政府と立憲政治』一九九二年）。ただし、この経緯は同時代的に政府外部では知られてはいない。閣内不統一のイメージをもっぱら世上に与えたのは、陸奥が自ら徳富蘇峰（＝『国民新聞』）に提供した、「武断派」「文治派」の分類であったろう（徳富蘇峰『我が交遊録』）。第二回総選挙における品川―内務省の大々的な選挙干渉に抗議して陸奥が品川らの辞任を求め、結局一八九二年三月に両者が大臣の座から退いたことは、このイメージを定着させた。

議会対策としては、「民党」の「民力休養・政費節減」（行政費削減→地租減税）というパッケージに対して、節減した政費で減税ではなく「富国強兵」を計るという「積極主義」をはじめて明確に提示したことが松方内閣の特色である（坂野潤治『明治憲法体制の確立』一九七一年）。もっともこれは松方個人のアイデアではないが、首相自身が蔵相を兼任していたことは方針確定に有利だったろう。ただし、内容に即してみると「富国」（産業育成）より「強兵」（軍拡）に重点があったため、この時点では「民党」路線はいまだ動揺を露わにしなかった。第二議会は全面衝突で解散、第三議会は前述の選挙干渉にも関わらず「民党」が再び多数を占めた。選挙干渉への轟々たる非難のなか、河川調査費の修正、製鋼所設立費・軍艦製造費の削除をはじめ、予算案はやはり大幅減額を強いられたのである。

第三議会の解散後、選挙干渉を行った内務官僚・知事の処分と関係して内務大臣人事をめぐる閣内対立が生じ、高嶋鞆之助陸相・樺山資紀海相の辞任を直接の契機として松方が辞職したことは、①②とも伝えるとおりである。これにより、一一年間にわたった松方による財政総攬もいったん終了した。

第二次内閣（一八九六年九月～一八九八年一月）

四年間の第二次伊藤内閣を経て松方が次に政権を引き受けたとき、立憲政治の趨勢は大きく変わっていた。条約改正交渉と朝鮮問題という明治国家の二大対外問題が、前者は領事裁判制度撤廃、後者は日清戦争という帰結をみた。条約問題は自由党の伊藤内閣接近と対外硬派の形成という政党再編をもたらし、日清戦争は政府・議会の一致団結という局面をはじめて現出することで、「官民衝突」の膠着状態を打開した。かくして戦後、伊藤内閣と自由党とは、公然の提携へと大きく舵を切ったのである。

日清戦争終結直後、戦後経営を託され再び蔵相となりながらも、伊藤に財政案を退けられ辞任した松方は、以後、三菱・岩崎弥之助らの仲介により、かつての上司にして進歩党の事実上の指導者たる大隈に接近していた。松方が組閣に際し、大隈を外相として進歩党と提携した（いわゆる松隈内閣）のはこのためである。敢えていえばこの提携は、伊藤―自由党に対して力学的に然らしめられたものに過ぎないが、藩閥―政党の連立による組閣（前内閣は、板垣退助が一八九六年四月に内相就任）をより明確に踏襲し、しかも政権交替に伴う与野党交替の体をなしたことで、伊藤と自由党が開いた道を不可逆にした。

大隈―進歩党との提携は、議会から戦後経営の支持を得るため不可欠だったが、同時に松方内閣最大の不安定要因であった。三国干渉問責を名目に結集した対外硬派連合が合同することで大所帯をなしていた進歩党は、党内自体の統率や合意形成も不充分であった。そのため提携に際しては、政策のすり合わせは後回しにして、自由民権運動時代からの宿願たる言論の自由拡大と、政党人の任官を要求した。政権発足から間もなく起きた『二十六世紀』事件（②三六二～三六五頁）は、この言論自由（新聞紙法改正）と猟官（対外硬派ジャーナリストの高橋健三を内閣書記官長に登用）との双方がリンクして内閣を動揺させた事件であった。

なお、軟弱外交批判を本領とする対外硬派が与党となった場合の困難は、大隈外相の対外硬政策が、アメリカのハワイ併合に際して在留民保護を名目に軍艦を派遣する程度にとどまったことで知られるであろう。

そして松方内閣―進歩党の提携は、結局のところ政策面では発展しなかった。アキレス腱は、進歩党の主要母体たる旧立憲改進党グループが、自由党とは異なり「民力休養」路線を放棄してはいなかったことである（坂野）。第一〇議会では、増税を行わずに「富国強兵」を盛り込んだ政府予算案が難なく通過したが、松方が第一一議会への地租増徴案提出を決断すると、両者の提携は崩れ、倒閣に至った。

松方と金本位制、明治天皇

財政家としての松方が、二度目の首相在任中に行った重要事業が貨幣法の制定、すなわち金本位制への転換であった。

一八七〇年代に始まる銀価の世界的下落や列国（商工業国）の金本位制増加により、松方は従前より金本位制への移行を考慮しながらも、「東洋諸国」が「銀貨の世界」であるために銀本位制の維持を認めていた。しかし中国に並んで「銀吸収の二大中心の一」だった英領インドの銀価自由鋳造廃止（一八九三年）は、松方ら金本位論者に時機到来を認識させた（『侯爵松方正義卿実記』）。対中国貿易を重視すべきである、また銀価の長期低落傾向は輸出に有利であるなどとして、なお銀本位制維持を主張する論者が多数派だったが、日清戦争の賠償金がポンド貨で得られることになったため、松方らはこれを準備正貨に充てることで金本位制への移行に決したのである。それでも伊藤博文や福沢諭吉、渋沢栄一をはじめ、政府内外を問わず反対者は多かった。

苦悩した松方は貨幣法制定の閣議決定後、明治天皇に裁可を請い、すぐに次のような沙汰を受け取った。「朕は卿が書を閲すと雖《いえど》も、之を諒解すること難《かた》し。然れども従来、卿が事に当りて其成功を見ざるはなし。故に今奏請する所も、亦卿に信頼して裁可すべし。惟《おも》ふに幣制の改革たる、洵《まこと》に難事に属す。必ず大反対論者の多々あることを予期せざる可からず。宜《よろ》しく意を爰《ここ》に注ぎ、慎重以て事に任ぜよ」（『侯爵松方正義卿実記』）。

たまたま松方邸に居合わせた三井の益田孝によれば、松方は「わっと泣いた」という（『自叙益田孝翁伝』）。その真偽はともかくとしても、たしかに晩年の松方は自らの財政を振り返るとき、しばしば明治天皇の一貫した支持を語った（『公爵松方正義伝』、『我が交遊録』）。主君との個人的信頼関係に裏付けられた「臣」としての意識が、財政家松方を強く支えていたのである。

5

大隈　重信

大隈重信
生没年：1838. 2. 16～1922. 1. 10
在任期間：(1) 1898. 6. 30～1898. 11. 8
(2) 1914. 4. 16～1916. 10. 9

五百旗頭　薫

『大隈重信』

著者　渡辺幾治郎
発行所　大隈重信刊行会
発行年　一九五二年

明治の政治家の中で、大隈重信（一八三八―一九二二年）ほど有為転変・毀誉褒貶に富んだものはいない。様々な挫折や悪評に関わらず国民的な人気も根強く、彼ほど多くの伝記が書かれた政治家はまれである。それらの大隈伝を系統的に紹介する余裕はないので、本叢書に採用された渡辺幾治郎の仕事に直接関わる範囲内で簡単な見取り図を描いておく。

大隈伝としてまず何より圧倒されるのは『大隈侯八十五年史』（大隈侯八十五年史編纂会、一九二六年）である。大隈後半生の側近であった市島謙吉を中心とする編纂会が、大隈の事跡をもれなく収拾しようという情熱の下に編集した全三巻、二五〇〇頁に迫る巨編である。以後、事実収集のレベルで『八十五年史』を超えることは難しかった。一般向けの伝記に何を書き何を書かないかという課題は残るとして、大隈理解の新境地は戦中戦後の実証史学の進展を待つ、ということで大隈伝の歴史は当面終わったかもしれなかった。終わらせなかったのが渡辺幾治郎（一八六七―一九六〇年）であった。

渡辺は新潟で生まれ、東京専門学校を卒業、さらに京都帝国大学で史学を学んだ。その後、宮内省において『明治天皇紀』の編纂等に携わっており、「在野の歴史家がどんなに望んでも実見することのできなかった」一級の原資料に触れる特権を享受していた（堀口修「歴史家渡辺幾治郎について」『明治天皇関係文献集』クレス出版、二〇〇三年）。

同時に彼は、在野の大政治家であった大隈にも深い関心を持っていた。単行本としては恐らく最初の仕事に、『波多野先生伝』（渡辺・樋口功編、悦心会、一九一三年）がある。波多野伝三郎は渡辺の恩師であった。大隈系の政党政治家であると共に、同書が強調するように、勝海舟や副島種臣等とも親交のある多面的な人脈の持ち主であった。明治日本の成功の秘密が、一つには官と民、藩閥と政党、天皇と国民をつなぐ人的回廊にあったことを渡辺は知っていた。また、波多野の知己がそれぞれの観点から波多野の人格を証言しており、多面的な情報源から一人の人間の全貌を描き出す楽しみも渡辺は知っていたであろう。そして、こうした楽しさを遺憾なく享受する素材としては、天皇よりも大隈がふさわしかった。

こうした渡辺の資質が、『八十五年史』にはない客観性を大隈伝に与えた。三二年に渡辺は『文書より観たる大隈重信侯』を刊行した。渡辺は大隈の関係文書のみならず、大隈以外の政治家の資料を渉猟した。大隈本人やその影響下にあるものではなく、大隈と同等であったり敵対していたり先達であったりした者が大隈の重要性をこれだけ認めているということを主に書簡の引用によって説得的に描き、∧大言壮語するだけで内実のない政治家∨という大隈にまつわる根強い偏見を覆した。この点を市島本人が『八十五年史』の欠点を補うものとして率直に評価し、早稲田大学出版部からの出版を推進したのである。

歴史家渡辺の特徴としては、資料の渉猟と多面的な視野に加えて、同時代的政治動向への関心を挙げておかなければならない。三〇年代に入り、政党政治の凋落と軍部の台頭が顕著となった時、大隈の位置づけは当然に微妙であった。自由主義を奉じたジャーナリスト馬場恒吾の『大隈重信伝』のように、悪しきミリタリズム・テロリズム・帝国主義と戦った大隈を強調し、剛直に時局批判を行うのも一つのやり方であった（改造社、一九三二年）。

渡辺はもっと複雑であった。「歴史家は客観的ならざるべからず、没理想ならざるべからず、最も誡しむべきは、一定の主義・理想に則して過去の歴史を観察し、人物を判ずることであるとは、現代に於ては、殆んど常識化せられた史学の通義である。だが、現代の多くの史家は余りに、この理に囚はれ過ぎはしないか、歴史が徒に過去のものとなって、現代と没交渉たるに至つた所以は、主としてここにあるのであるまいか」（『日本憲法制定史講』千倉書房、一九三七年）というのは彼が随所で繰り返した問題提起であった。戦時期に彼が発表した多数の書物には、皇軍の建設や教育勅語の翼賛といった時局に迎合するような問題設定が見られると共に、過去の人物や事象がこの問題設定を満足させるところがあると示すことで、歴史を通じて現在を再考する効用を示す意図もあった。『大隈重信―新日本の建設者―』（照林堂書店、一九四三年）は『文書より観たる大隈重信侯』に加除を施したものである。新しく付け加えた「第八章　大隈の対支政策」「第九章　大隈の政治及び教育思想」において渡辺は、伊藤博文等との比較を通じて、大隈の立憲主義も中国保全論も、彼の生きた時代には程度の差こそあれ広く共有された発想であって、大隈一人を責めるのは不当であるということを強調した。さらに進んで渡辺は、大隈の時代のこうした考え方が根本的には王政復古・明治維新の理念に胚胎するものであって、一概に否定し去れるものではないと論じたのである。『文書より観たる』が他者から見た客観的な大隈評価を試みたのに加えて、『新日本の建設者』は大隈が生きた時代の共同主観に即した評価にも力を注いだといえよう。

こうした作業の上に、渡辺は戦後の大隈再評価の課題をも担うことになった。本叢書に収録された『大隈重信』（大隈重信刊行会、一九五二年）は、「時代の変化によって与えられた立場に立ち、新しい思想感覚によって」（二頁）、執筆したものである。

当時大隈は、戦前の政党政治の発育不全の責任を負わされる一人となっていた。また、その外交政策が、第二次大隈内閣時代の対華二一ヵ条要求に象徴されるように、中国への侵略に迎合し、むしろ助長したのではないかという批判に今まで以上に晒されることになった。これに対し渡辺の新しい大隈伝は、大隈の政治的言動を規定した当時の政治状況を藩閥・政党・国民の相互関係に目配りしながら描き、大隈が政権に復帰した時も、自らの経綸を発揮する自由がどれほどあったかを問題にした。間主観的な相互作用の中で、何が大隈本人の主観であり、何がそうでないかを分別しようとした。松隈内閣・隈板内閣期の大隈一派の事跡について「一見政党の発達、憲政の進歩に基いたものの観があるも、その実なんらの発達、進歩によったものではなかった」「畢竟は当時の情勢の下に、余儀なくされた薩長の政権争奪史の一齣であるのに過ぎない」（二〇一頁）と断定しつつ、大隈本人が一貫して憲政の完成を目標としていたことをこれに対比させている。第二次大隈内閣の対中政策についても、政策それ自体の弁明に加えて、民間の強硬論が政策上の選択肢を限定していたことを強調した（二五四―二五七頁）。

こうして渡辺の大隈伝は、単に政治家の言動を追って評価するのではなく、それを取り巻く政治状況の解説に力点を置く、政治史的な作品になったのである。

しかし、政治家の言動が政治的な文脈に規制され、本人の主観から外れるのであるとすれば、その主観を正確に推し量り、描くことは容易ではない。だがここでも大隈は良い素材であった。政治的な不遇を幸いとするかのように、活発かつ膨大な教育・出版活動に尽力したからである。渡辺は「第五編　文化運動」を中心にこうした活動の紹介に頁数を割き、大隈に内在する理念を析出しようとした。

大隈の文明運動を貫いた理念は、東西文明の調和であった。それは、戦前の日本が独善を排し、世界の大勢に順応するために歩むべき途であったと渡辺は力説する（三七三頁）。そして、この東西文明の調和という理念は蘭学に目覚めた少年期から大隈の中に胚胎していたもので、彼の人格に根ざしているという。大隈にとって「西洋文明は科学的な現実的な功利的、知識的なものであり、東洋文明は一種の理想的な道徳的、仁愛的なものであった。この二つの傾向が国家的に世界的に調和するのが、東西文明の調和の目的であった。しかも、かような統一や調和はすでに大隈の思想のうちに見出されたのである。この自己の思想、生活の拡充か、《ママ》すなわち東西文明の調和として現われたゆえんである」（二九七頁）。

渡辺は、原資料を尊重しつつも、時代情勢に応じた問題設定を行う歴史家であった。それは研究の独立性や一貫性を損なう面があった。恐らく渡辺の思想は、天皇と国民の一体性を素朴に信ずる点で戦前戦後を一貫しており、変転する時代状況への対応は彼にとって歴史叙述の方法的な深化につながるような危機を構成しなかった。しかし水平的に問題意識を広げることで、比較的に均整のとれた、水準の高い伝記に到達したのである。大隈にとっては幸福なことであろう。

同書を起点にその後の大隈論を展望するならば、二つの方向が際立っているように思われる。

第一に、明治一四年政変で失脚するまでの大隈に着目した研究である。政変までの大隈は政府内で強力な地歩を保っており、彼のヴィジョンや力量がもっとも明らかになるという考え方からである。中村尚美のように、大隈財政期に明確な力点を置いた伝記も現われた。「中でも前半期の、維新財政を担当し、その確立と発展に全力を傾けていた時代こそ、かれの行動的な性格が遺憾なく発揮された時期である。（中略）その意味から、この時期こそかれの生涯の最も発展的な時期であったとみるのである。そして政党の首領としての後半生は、かれがようやく政党という基盤をもちながら、こんどはその基盤に制約されて行動せざるをえなくなった時期である。だからかれの研究は、本来まずこの前半期に重点を置いて開始されるべきであるというのが、私の意見なのである」(中村『大隈重信』吉川弘文館、一九六一年)。ここには、政党指導者としては充分なリーダーシップを発揮できなかったという渡辺の理解が、定着している。

中村を含め、大隈財政の研究は充実している。しかし財政史研究に傾斜した場合に失うものもある。かつて拙著で政党史研究が大隈系の政党を過小評価していると批判したことがあるが(『大隈重信と政党政治』東京大学出版会、二〇〇四年)、大隈研究が政党史研究の関心を引くような大隈像をあまり描いていなかったことも一因であろう。一九八九年には大隈系政党の研究に重点を置いた早稲田大学大学史編集所編『大隈重信とその時代』(早稲田大学出版部)が刊行され、近年では木下恵太・五百旗頭薫などが研究を進めているが、なお発展の余地があると思われる。

第二の方向は、大隈の活動範囲の広さに敬意を表して、政治・財政・外交・教育等の全てを、渡辺が第五稿で扱かったような文明化のプロジェクトとして描き出すものである。『明治文明史における大隈重信』(早稲田大学出版部、一九六二年)を著した柳田泉は、今まで名が出た中で思考の波長が最も大隈に近い人であって、論証を省いたような叙述であってもよく大隈の特徴を捉えている。例えば、大隈について「著しい特色となっているのは、西洋を疑わず西洋を恐れぬことである。彼は、西洋の文明が日本の成長にとって好いものであり、役に立つものであることを疑わぬとともに、それを少しも恐れず、またそれが十分日本に取り入れられるものであることも信じている」「西洋というものに対してかく大胆で、少しも恐れず、また疑わぬところ、いわば西洋を呑んでかかっている気味のあるところは、明治元勲中第一で、そこはよく比較される伊藤博文以上のものがあり、わずかに民間の福澤諭吉が極めて似た態度を示しているだけである」（五一六頁）と述べているのは、実感がこもっている。論証がないといっても、全編豊富な具体例が続く。むしろ豊富過ぎる観もある。全てが文明化である以上、どの領域での活動も似たような相貌を帯びてくるのであって、本人も断っているように、反復・重複の感は免れない。

それでも名著たるを失わないのは、通時的なダイナミズムがあるからであろう。思想家大隈についての渡辺の描き方は晩年の完成型をスケッチするところに重点が置かれ、静態的であるが、柳田は明治維新・日露戦争・第一次世界大戦といった画期毎に大隈の問題意識が発展していく様を析出しており、日本の文明化と大隈本人の成長が相互促進的に進んでいく様子がよく分かる。個々の論点で柳田を超えるのは容易であり、有益な研究も出ているが、全体像を更新するのは大変であろう。

伝記の対象としての大隈の幸福は、研究対象としての大隈の困難につながっているのかもしれない。『八十五年史』が膨大な事実を収集し、渡辺が政治家としての説得力のある伝記を書いてしまった。重要な業績に的をしぼって分析を深めた中村のような研究者も大隈伝を著しており、反対により大きな文脈に大隈を位置づけようとすれば、既に柳田がいる。今日、包括的かつ斬新な大隈研究を執筆することは、伊藤や山県有朋について試みるのとは異なった大変さがある。しかし大変なだけに、大隈伝の達成を乗り越えて今後書かれる大隈研究には、大隈研究に限らず近代史研究全体を牽引するポテンシャルがあるかも知れない。これからが楽しみである。

6

桂　太郎

桂太郎
生没年：1847. 11. 28～1913. 10. 10
在任期間：（1）1901. 6. 2～1906. 1. 7
（2）1908. 7. 14～1911. 8. 30
（3）1912. 12. 21～1913. 2. 20

千葉　功

『桂大将伝』
著者　杉山茂丸
発行所　博文館
発行年　一九一九年

本書は、桂に関する数少ない伝記の中でも、ごく一部の図書館にしか架蔵されていない稀覯書を復刻したものであり、本書に容易に接することを可能にしたこと自体、とても貴重なことである。

著者の杉山茂丸（一八六四―一九三五）は、福岡出身の在野の国士で、玄洋社員ではなかったものの、玄洋社、特に頭山満とは協力関係にあった。自由民権運動の激化事件が頻発した一八八四年、藩閥政治打倒の意志を抱き、藩閥首領の殺害を企てて上京するも、逆に伊藤博文に説諭されて、以後、伊藤・山県有朋ら政界上層部と親交を結ぶようになった。杉山は生涯浪人をもって任じ、政界の黒幕視されるとともに、「ホラ丸」とも称された。

杉山は、彼が心酔した児玉源太郎を描いた『児玉大将伝』（博文館、一九一八年、〈復刻版〉中央公論社、一九八九年）を刊行した翌年、同じく博文館から本書を出し、さらに一九二五年には同じく博文館から『山県元帥』を刊行している。『児玉大将伝』の「序」によると、それ以前に出した別の児玉伝の文章が難しいとの批判が出たため、平易で振り仮名付きの「小説的の伝記」を書き上げたところ、博文館が出版を申し出たという。よって、本書も、『児玉大将伝』に続いて、平易な文章で一気に書き下ろしたうえ、出版したものと考えられる。ただし、本書の特に冒頭の方では、文章が行きつ戻りつしているところがあり、それは書き始めのために筆が乗っていないためと考えられるが、ひょっとして、杉山が発行していた『サンデー』などの雑誌で連載したものをまとめたからであるとの可能性も一〇〇パーセント捨て切れない。

さて、杉山の『桂大将伝』刊行の直前、桂系ジャーナリストであった徳富蘇峰（猪一郎）編によって公刊伝記、すなわち『公爵桂太郎伝』乾・坤巻（故桂公爵記念事業会、一九一七年、〈復刻版〉原書房、一九六七年）が出版され、本書も多く『公爵桂太郎伝』に依拠している（それにもかかわらず、本書には単純な間違いが散見される。例えば、日露戦争直前の日露交渉におけるロシア側対案の内容などは実にめちゃくちゃである）。本書は全般的に見て、『公爵桂太郎伝』に依拠しつつ、ところどころ杉山なりの感想を挟んでいる感じのするものである。

それでいて、杉山自身の桂とのやりとりに関する記述は、意外にも少ない。いや、「自序」を除いて、桂とのやりとりをうかがわせる記述は全くないと言っても過言ではない。「自序」では、第四次伊藤内閣倒壊後、桂が後継首相に擬されつつも、元老も政党も誰ひとり味方がいないとして躊躇したのに対して、児玉が元老も政党も桂を助けるように仕向けるには日露戦争を始めるにしかずとして桂の出馬を説得した（かつその席に杉山も同席していた）という、本当にあったのかどうか怪しげな逸話を紹介している。しかし、この手のやりとりは本文では展開されない（それは『桂大将伝』が『児玉源太郎伝』に続いて、年少者向けの「偉人」の伝記という位置づけで刊行されたからかもしれない）。よって、この首相就任時の児玉による桂への説得によって、児玉や杉山の日露開戦のための秘密結社に、桂も引きずり込まれたといった杉山の「ホラ話」を期待する向きには、彼の『俗戦国策』（大日本雄弁会講談社、一九二九年、〈復刻版〉書肆心水、二〇〇六年）に当たった方がよいと思われる。

すなわち、杉山の『桂大将伝』は、史実としては徳富の『公爵桂太郎伝』に多くを依拠し、かたや杉山らしい「ホラ話」の入り混じった政界裏面史が展開されるわけではないという点で、本書が研究文献として従来使われることがなかったのも首肯される。しかしながら、徳富の『公爵桂太郎伝』の方は関係者に頒布されただけで、また二冊で二一〇〇頁を越える大部、かつ公刊伝記にありがちな無味乾燥としたものである。かたや、『桂大将伝』は、美文調とまでとはいわないけれど、修飾の多い文で、また間違いにもかかわらずそれらしく書いてあって、いわゆる「読み物」に該当する。博文館から出版されたこともあって、大正末期から昭和戦前期にかけては、実は『桂大将伝』の方が『公爵桂太郎伝』よりも広く読まれたのではないかとも考えられるのである。

その広く読まれたであろう『桂大将伝』のモチーフは、一言で言えば「立身出世譚」としての桂伝といえよう。例えば、桂が総理大臣になるまでのいわゆる前半生の部分が、『公爵桂太郎伝』では全体の約半分なのに対して、本書では5/7となっている。すなわち、桂が総理大臣になるまでの出世過程にウェイトが置かれているのである。また、桂が「布衣の極」から位人臣を極めたことを強調するべく、桂は一二五石の家の出にもかかわらず、まったくの平侍であったかのごとき叙述がなされている。実は、一二五石は決して微禄ではないのであるが、太平洋戦争以前の桂太郎に対する一般的な受けとり方は、足軽同然の家から天下を取った豊臣秀吉の再来、いわば「今太閤」的なものだったのではなかろうか。

さて、幕末ないし征韓論争をめぐる政治状況への杉山の関心がおそらく強いことと合わさって、確かに桂の軌跡を見るうえで背景となることには違いないが直接桂とは関係のない話（例えば、鳥羽・伏見の戦いのきっかけとなる庄内藩による薩摩藩江戸屋敷の焼き討ち、奥羽越列藩同盟をめぐる動き、征韓論争と政府の分裂、井上馨の条約改正交渉に対する反発など）が、本書では、全体のバランスと関係なく延々と叙述される。そして、桂と関係のないところで、杉山が自由闊達に書いたところの方が、実は、彼独自の筆致にあふれている。よって、以下では、必ずしも桂の軌跡に限らず、『桂大将伝』のうちで興味深い点を見ていこう。

桂が中央政局に少しでも顔を出すようになったのは、鳥羽・伏見の戦いからである。その際、英雄は英雄を知る式に、桂と西郷隆盛の出会いを杉山は持ち出してくる。すなわち、王政復古のクーデタのために長州藩が京に派遣した部隊の一員として、桂が西郷に初めて会見した話が語られる。しかし、長州藩の藩兵としては当時中隊長クラスで、京においては全く無名に等しい桂と、既に討幕勢力の中心に位置していた西郷とでは、釣り合いがとれないのも甚だしいと思われる。しかし、杉山の敬慕する西郷をして桂を認めしむることが、「読み物」風伝記としては必要なのであろう。

次に、明治新政府の統治時代に入って、杉山は対外硬的態度を持していたかどうかで政治家に対する判断を下していく。彼は一八七三年の征韓論争に多くのページを割くが、西郷隆盛ら征韓派（杉山は「武断派」と称している）と大久保利通・岩倉具視ら内治派（杉山は「文治派」と称している）との対立において、後者に悪罵を投げかけるだけでなく、「今日でも其血統を貽《のこ》して、徒らに外国に対して無用の気兼をするやうな事が、屢見られる」（二〇八頁）と述べたりもする。また、西郷を偉人とまで呼んで敬愛の情を示すのに対して、大久保や岩倉の政権を「家の中の蛤貝《はまぐりかひ》にして、外へ出ると蜆貝《しじみかひ》たる当局」（二三一頁）だという。さらに、征韓論争で西郷の説が勝ちをおさめていたら、西南戦争どころか壬午・甲申事変や日清・日露戦争すら起こらずにすんだはずとまでいうのである。

このように、対外強硬的な態度を取らない政治家を痛烈に非難する杉山であるが、それは、大久保の性格が「怜悧」であることによって加速される。なぜなら、一般に杉山は、人物評価において、「怜悧」さを、「小刀細工」として捉え、不信感を抱くからである。のち、一八八〇年代における鹿鳴館外交などの欧化主義を、お茶坊主や幇間の追従主義として「取るに足らぬ小人の小刀細工」（三一二頁）とこき下ろすのも、その一例であろう。

すなわち、杉山においては、対外強硬的な態度を取らないことは、政治家の腹がすわっていないことを意味したのであろう。彼は政治家が信念をもって不動の態度を取ることを是としたと考えられる。よって、一八八一年に、明治政府が開拓使官有物の払い下げを決定しておきながら、それが政商へのただ同然の払い下げであるとして囂々たる非難を招き、結局、国会開設の詔発布とともに開拓使官有物払い下げ許可が取り消されたことを強く非難する。彼は「如何に物議があればとて、政府として一度許した事を、更に取消すといふのは、威信を潰す事の甚だしいもので有る。許可をしたのが悪かつたらば、取消すと同時に切腹したなら申訳にもならう。夫《それ》を暢気な顔をして取消した儘で居るのは、大丈夫の面目ではない」（二七八頁）と語るが、この語り口には杉山節全開の気味がある。

以上、見てきたところからも既に窺えるように、杉山において薩長藩閥＝善、反薩長藩閥＝悪という発想では決してない。いやそれどころか、藩閥政府に対して、かなり批判的である。明治中期においては、未だ桂の政治的影響力が小さく、桂の伝記でありながら桂が余り登場しないこともあって（それでいながら、桂が総理大臣になるまでの部分の方が大半を占めることは、前述の通りである）、藩閥政府に言いたい放題の立場を取っているのである。

その裏返しとして例えば、自由党と立憲改進党がその結党以来、常に反目していたことに対して、「我が憲政の発達を阻害し、漁夫の利たらしめる事少なくなかつた」（二八二頁）と述べたりするように、杉山の自由民権運動時代の残滓が文章に散見される。よって、極めて興味深いのは、大同団結運動によって自由民権家が続々と上京したことに対して薩長藩閥政府が一八八七年に出した保安条例を、「空前絶後のクーデタア」（二二三〜四頁）として、明治大皇の治下で終世の黒点を記したものとまで述べることである。杉山自身は保安条例によって東京から追放されることはなかったものの、保安条例に対して個人的思い入れがあったのであろうか。ただし、『桂大将伝』によって顕彰すべき桂自身も、その藩閥政府の一員である。よって、杉山は、閣僚よりもはるかに新しく明晰な頭脳を有していた桂は、実は内心、保安条例には賛同していなかったのだという論法で、桂を免責するのである。そして、保安条例公布の罪は、もっぱら警視総監三島通庸に帰せられることになる。

さて、一八九〇年代以降になると、桂の政治的位置の上昇に比例して、叙述の中心に桂の軌跡がすわるようになる（ただし、何度も述べるように、本書の後半になると叙述自体が駆け足になる）。

一八九〇年に帝国議会が開設され、以後、陸軍予算を含む政府予算は議会の協賛を必要とするようになった。しかしながら、桂は陸軍予算のみは七年すえおきにすべきだと考え、議会に働きかけた。それを杉山は没常識で身勝手と批判している。このような点にも、桂の伝記でありながら、顕彰に徹せずに言いたい放題の態度を取ってしまう杉山の性格が垣間見える。

さて、桂が第三師団長であった時代のこととして、濃尾大震災において陸軍本省の許可を待たずに軍を動員した決断を褒めたうえで、その後は桂ら第三師団が日清戦争に出征した話が展開される。もちろん、外国の新聞に「虐殺」と報ぜられた牛荘市街の掃討戦もやむをえないものとして記述しているが、これは杉山に限らず、この手の伝記では当然のことであろう。

その後、桂は四代の内閣にわたって陸軍大臣を務める。その四代の内閣の一つの、一八九八年の自由党と進歩党の合同＝憲政党結成に伴って成立した第一次大隈重信内閣（「隈板内閣」）では、桂陸軍大臣と西郷従道海軍大臣は自由党系閣僚と進歩党系閣僚の対立の埒外に存在した。そして、その対立に際して、桂は大隈進歩党よりも板垣自由党に同情を有していたが、それは第一次山県内閣の際、板垣退助や林有造ら自由党と交渉した縁故を有していたのみならず、進歩党は常に「怜悧」で才気を弄すること多いのに対して、自由党は単純素朴だからだという。そのため、隈板内閣の内訌ではどちらかというと自由党に同情的な態度を取り、また第一次山県有朋内閣では星亨を司法大臣にするよう提議したり、内閣側（山県首相・西郷海相）と自由党側（板垣・星・片岡健吉）との秘密会合を斡旋した。しかし、桂は第二次山県内閣下の自由党との妥協政治によっても意のままに政策を行うことができないことを悟り、「他日公が同志会を興し、自ら総裁として天下に呼号するに至つたのも、実に此時に萌芽したので有る」（四七〇頁）と杉山は推測する。

さて、前述のごとく、桂が総理大臣になった後は、意外にも叙述は駆け足となる。日露戦争に関する記述も、「自序」では日露開戦のための秘密政治結社（児玉・桂・杉山）の存在が語られるにもかかわらず、本文では、幕末～明治初期に比べて実にあっさりしている。まして、それ以外の桂内閣の施政はより淡白である。

そのような中で、『桂大将伝』の最後において盛り上がりを見せるのが、桂の政党組織と大正政変に対する記述である。桂は、第二次内閣の総辞職後、西欧への洋行を思い立つが、同行した若槻礼次郎は政党調査を、後藤新平は対中国政策に関する独・英・仏・露との諒解運動を、桂の洋行目的として強調している。それに対して、本書で杉山がもちろん外国の政党政社の視察という目的を挙げつつも、財政の根本的整理案の存在を強調する点が独自なところである。すなわち、桂の政党組織の画期性を必ずしも高くは評価していないのであって、杉山は「公の政党組織は、公の晩年を飾るべき花で有つたが、之を以て今日の事宜に適したりとは言へない、寧ろ盗人を捉へて縄を綯《な》ひ、咽喉が乾いて井戸を鑿《ほ》るに似て居た」（六三六～七頁）という。また、彼は尾崎行雄による弾劾演説を、屋島の合戦で那須与一が矢を放つ場面になぞらえたり、議会の弾劾的質問に対して桂は壇上で立派に応答すべきで、それでもあくまで議会が反対するならば、解散・総選挙の間に理想の新政党を組織したらどうだったかとも述べるのである。

このように、杉山の『桂大将伝』は、意外にも桂を突き放して描くところがある。それはおそらく、杉山が心酔した児玉源太郎を描いた伝記『児玉大将伝』とは、伝記で描かれる対象との距離の取り方が異なるからであろう。大正末期から昭和戦前期にかけて、読者がこの『桂大将伝』を読み終えてどのような感慨を抱いたかを考えてみるのも興味深いことである。

7

西園寺公望

『日本外交史人物叢書 27　図録 日本外交大観』(ゆまに書房，2002年)

西園寺公望
生没年：1849. 10. 23～1940. 11. 24
在任期間：(1)1906. 1. 7～1908. 7. 14
(2)1911. 8. 30～1912. 12. 21

村井　良太

『西園寺公望自伝』

筆記　小泉策太郎
編者　木村毅
発行所　大日本雄弁会講談社
発行年　一九四九年

西園寺公望は、一九〇六（明治三九）年一月から〇八年七月までと一一年八月から一二年一二月までの、二度、首相を務めた。通算在職日数一四〇〇日は、実は山県有朋よりも大隈重信よりも長い。戦前においてこの記録を上回るのは桂太郎と伊藤博文の二人だけである（御厨貴編『歴代首相物語』巻末資料）。にもかかわらず、首相としての西園寺の印象は薄く、最後の元老としての晩年に注目が集まっている。これは、西園寺が当代の小説家を招いて雨声会を催すなど、文人宰相と呼ばれ権力に恬淡であったこと、政権交代の相手が特に印象の強い桂であったこと、そして伊藤の子分として働き、後年は原敬に支えられた過渡期の政治家と見られるからであろう。しかしその政治的生涯は長く、残した影響も大きい。

西園寺は遺言で自らの伝記編纂を禁じ、併せて私書、報告書の類を総て焼却し終えたと告げている。このため浩瀚な伝記は編纂されていない。本書『西園寺公望自伝』は、政友会の代議士であり史論家でもあった小泉策太郎が聞き取った思い出話を、木村毅がおよそ年代順に整理したものである。西園寺については、同様の昔語りとして、国木田独歩編『陶庵随筆』、原田熊雄編『陶庵公清話』がある。また、松本剛吉『大正デモクラシー期の政治』、原田熊雄『西園寺公と政局』など政治秘書の記録、原や牧野伸顕、木戸幸一など関係者の日記中にも詳しい記述が残されている。史料については、山崎有恒「西園寺公望」（伊藤隆・季武嘉也編『近現代日本人物史料情報事典2』）に詳しい。他方、まとまった研究には立命館大学編『西園寺公望伝』がある。小伝としては木村毅『西園寺公望』、岡義武『近代日本の政治家』があり、近年のものには岩井忠熊『西園寺公望』がある。また千葉功「西園寺公望」（御厨貴編『歴代首相物語』）も読みやすい。

ここでは、回顧談の集成という本書の性格から、少し詳しく彼の政治的生涯を追ってみたい。

「開化」の輸入を志して

西園寺の政治的個性は、第一に、常に内政と外交を一体として捉え、「世界の日本」という視点を重視したことである。第二は、文明の帰一性を信頼し、その確信の上で、常識を重んじたことである。それこそが彼にとってのリアリズムであった。そして第三に、漸進主義を採り、発展に対する段階論的理解、すなわち進化論的国家観と、日本の過渡期性への自覚があった。

西園寺と文明との出会いは幕末に遡る。西園寺は一八四九年、高貴な公卿の家に生まれた。皇室とは近い親類筋にあたり、幼少時より天皇の側近くに使えた。しかし、ペリー来航以来の時勢の急転にも影響されて、「古格になずんでいるようでは、とても天下の事はできない」と考えた。王政復古で最年少の参与となり、戊辰戦争では山陰道鎮撫総督、会津征討越後口総督府大参謀として従軍した。

しかし彼の心を捉えていたのは留学であった。西園寺は攘夷だの開国だのといっても一向に内実が分からないことから、「西洋ノ事情ヲ探知シ、西洋ニ渡リ其開化ヲ吾邦ニ輸入センコトニ尽力セン」との志を立てた。彼が渡ったフランスは普仏戦争の敗戦直後であり、時あたかもパリ・コミューンの混乱下にあった。当地では法律を学び、またエミル・アコラースの私塾に出入りして、ジョルジュ・クレマンソーなど急進共和派の政治家とつきあった。西園寺は十年を越える留学経験を経て、文明を理解し得たとの確信を抱いたようである。

帰国後の西園寺は、『東洋自由新聞』の発刊に誘われ、社長になった。これは、十分な理解もなく「自由ノ論」を唱える者を「正路」に導くため、「民心ヲ移シ、与論ヲ動カス」新聞に関わったのであった。しかし、内勅を受けて退社した。若き日の西園寺には青年公卿としては数々の奇行談がある。洋装での参内、散髪、身分違いの結婚話、そして新聞への関与もその一つであろう。それは社会変革者としての衝動を抱きながら、処を得ずに吹き出しては消えていくかのようであった。

伊藤博文の「身代り」として

西園寺に処を与えたのは、伊藤博文との出会いであった。参事院議官補になっていた西園寺は、憲法調査団の一員として渡欧し、この時、伊藤と深く相知ることになった。以後、西園寺は伊藤系官僚政治家として活動を共にすることになる。

伊藤率いる内閣で二度務めた文相期には、「社会ノ文明ヲ増進スル」女子教育に理解を示した。また、「外国の発明智識を我邦に輸入し、又は外国人をして我邦の事を知らしめ、若くは通商貿易を盛ならしむる」ために英語教育を重視した。さらに、文明国へと変貌する日本に相応しい人物像を求めた。すなわち、世界の大勢を理解し、逆境に現れる慷慨悲壮な忠臣ではなく順境に活躍する活発爽快な良臣を理想としたのであった。

西園寺は、後年伊藤について、「あれは、目はよく見えたなあ」と回顧し、「面倒なことはわたしが買つて出て、身代りをつとめた」と語っている。伊藤総裁の下で法典調査会の副総裁を務め、文相はもとより、陸奥宗光外相の臨時代理を務めたのも、内閣班列の枢密院議長を務めたのも伊藤内閣であった。西園寺もローレンツ・フォン・シュタインに学び、内閣制度の導入を「文明諸国と同等の政府」になると喜び、立憲制の導入を必然と見なしていた。その彼にとって、正面の敵は山県ら政党を危険視し、固陋の議論をする勢力であった。

彼の務めた「身代り」の最たるものが政友会総裁であろう。国家国民を益する模範的政党を創るという伊藤の新党結成に参画し、一九〇三年には「後継者」として第二代総裁となった。

彼にとって政党とは何であったか。善良な国民を代表するのが善良な政党であり、外に向かっては日本国を代表すると述べている。また、明治維新は四民平等を謳い、天皇と国民との間にある「階段」を取り払ったが、なお秩序を保っていくには政党が必要である。「上は政府に向かつても監督しなければならぬ、下同胞に向かつても監督しなければならぬ。而して日本の秩序を保つて外国に恥ぢないやうに段々進んで行つて文明国にすると云ふ事が今日の政党の真の目的」と述べている。

さらに、政党は私党ではなく国家のことを考える公党でなければならないと注意をうながしている。政党が私党の性質を帯びれば「其国家は駄目」であり、そうなっては「文明も糸瓜もない」。また、「苟も政党として国民を指導せんとする者は努めて眼を海外に注がなければならぬ」と、政党政治家が外交の何たるかを知り、外交感覚を磨くことを期待したのである。他方、国民に対しては、「沈毅なる態度」と「思慮ある行動」を求め、「愛敬を以て」外国と交際することが「各国の同情を引き尊敬を受ける」所以であると諭している。

この姿勢は日露戦争講和時に発揮された。西園寺は、評判の悪いポーツマス条約の支持声明を渋る一部幹部を一喝し、「国家のためには政友会の一つや二つ破壊」されてもよいと、民心覚醒への寄与を求めた。

桂園時代の一雄として

一九〇〇年代の日本は桂園時代と呼ばれ、結果的に、陸軍・貴族院・官僚を基礎とする桂と、衆議院の多数党である政友会を基礎とする西園寺が交互に政権を担当する十年となった。政友会の講和条約支持の影で政権授受の密約があったことはよく知られている。西園寺は総裁就任時に策略を「時勢遅れ」と述べるとともに、その手腕を期待しないよう演説している。この方面で彼を支えたのが原であった。

西園寺第一次内閣の課題は日露戦後経営であった。満州問題では、門戸開放について英米から注意を喚起されていた。西園寺は自ら現地視察を行い、帰国後伊藤の要求で満州問題協議会を開いた。西園寺は、軍政廃止を強く求める伊藤の提案に、「余の意見は本案と大同小異である。否、特に小異と云う程の事も無い程である」と述べている。また、山県枢密院議長が、伊藤と児玉源太郎参謀総長とを取り持つ発言をした機会を捉えて、西園寺は自ら決議文を起草し、軍政廃止に出席者の同意を得た。このような協働は、一九〇九年の伊藤の死まで続いた。

西園寺は、帝国国防方針に見られる軍備拡張路線については、必要性を否定しないまでも財政との均衡を求めた。それだけではなく、日本のような急成長国はどうあるべきかという意識があったようである。日露戦勝によって列国と比肩並馳する境遇に至ってなお、列国からの信頼と同情をますます重視し、慎重周到な外交を呼びかけた。そして、「飽くまでも平和的に国家経済を発展して行って即ち国の栄を致したい」と述べるのであった。

国内的には、桂は次第に西園寺政友会への依存を強め、元老以後について、「君と僕とにて国家を背負ふて立とうでないか」との会話を交わすに至っていた。そこには内閣の施政に基本的に容喙しない元老像があった。桂は政友会との「情意投合」を語り、西園寺もこれによって「憲政有終ノ美」をなすことができると応じた。こうして成立した第二次内閣であったが、陸軍の二個師団増設問題で倒れた。財政状況が厳しい中で、西園寺内閣は海軍軍備を優先しようとした。それはまた陸軍拡張は列強の疑心を呼ぶとの考えからでもあった。これに陸軍が強く反対したのである。次に西園寺の支持を受けて再び桂内閣が成立したが、今度は世論の強い批判を浴びて退陣した。第一次憲政擁護運動である。西園寺も事態を治めるよう求める勅語に背く結果となったため、違勅問題と騒がれた。桂と西園寺による均衡と変革の過程は崩れ、西園寺もこれを機に政界の表舞台から退くことになる。

元老としての晩年

西園寺は、この時初めて元老会議に参加し、さらに、将来多数党が政権をとることに他の元老の意向を聞いた。もとより反対を受けた。西園寺はその後もたびたび首相候補として名前があがったが、世代交代を主張し、初めての本格的政党内閣である原内閣の成立に尽力した。

また西園寺は、原内閣のもとでパリ講和会議の首席全権を務めた。実務は牧野伸顕が担ったが、戦後秩序を共有する重しとなった。日本は大戦中の二十一カ条要求とシベリア出兵によって軍国主義との批判を受けていたが、西園寺は、国民に学術文芸さらに農工商業に奮励することを求め、「今日我国を以て好戦的国民と誤解せる者が、遠からずして平和的事業の貢献者として我国を謳歌し、又平和的発展の成功者として我国民を認識するに至ることは期して俟つべきであります」と演説した。

ところが、後図を期待した原は暗殺された。その一方で、野党党首の加藤高明には期待できなかった。そこで西園寺は必然的に非政党内閣を選んでいく。西園寺は首相を選ぶ際に外交を重視しており、二十一カ条要求で中国はもとより英米との関係を悪化させた加藤を忌避したのである。したがって、一九二四年の第二次憲政擁護運動後に加藤を指名したのは、情勢の中、選挙結果に抗してまで他の候補を選ぶことができなかったためであった。にもかかわらず、以後、憲政会（後の民政党）と政友会の間での政権交代を促していく。それは西園寺が加藤の施政、なかでも幣原喜重郎外相の外交を「定石」と高く評価し、信頼しうる第二の統治政党を得たためであった。このような政権交代は、世間で「憲政の常道」と呼ばれ、広い支持を集めた。

また西園寺は、政党内閣が他の憲法諸機関を統合しうるよう助力し、宮中に対しては政治に関与しない中立的な天皇像を求めた。それは元老の果たしてきた首相選定機能を政党間での政権交代というルールに代替し、多元的な憲法諸機関の統合機能を政党内閣に求める点で、元老以後の国家像を指し示すものであった。西園寺は伊藤の「身代り」を自任したが、もとより単なる代行者ではない。党指導に際しては、伊藤が統制を重視する発言をしているのに対して、西園寺は統制のなかでも党員個々がそれぞれの驥足を伸ばすことに意義を見出している。宮中についても、伊藤が荘厳さを追求したのに対して、西園寺はもっと親しみのあるようにしたいと考えていた。

一九三一年初頭には、西園寺は「政党内閣の成立せる時代」との認識を語っている。西園寺は、山県について、「山県は俗にいう右傾、わたしは左傾」と違いはあっても、移行期における政権の安定的な受け渡しに果たした役割を肯定的に評価していた。他方で、元老を新たに補充する考えには強く反対した。問題への理解も責任もない人間が暗躍して、「立憲政治の精神」に反することになるのを懸念したからである。

こうして、西園寺にとって日本政治は満足のいく方向に向かいつつあるかのようであったが、直後に、内政、外交ともに急転する。満州事変後の対外危機を政党内閣は収束できず、さらには陸軍を中心に政党内閣への批判が強まり、遂に五・一五事件が起きた。西園寺は、宮中官僚の意向を容れて、陸軍統制を目的に海軍出身の斎藤実内閣の実現に踏み切ったが、この時、政治秘書の原田熊雄は、西園寺がかわいそうだと泣いたという。

一九三〇年代には、急速に日本主義思潮が強まり、政党政治を否定する日本的な立憲政治像が高唱されるようになった。西園寺はかねてより偏狭かつ純化を求める日本主義に批判的であり、日本の文明を「外国ノ思想文物ノ消化応用ノ跡」に見出していた。また、外交についても憂慮は絶えなかった。西園寺は、「伊藤公始め自分達は『東洋の盟主たる日本』とか、『亜細亜モンロー主義』とか、そんな狭い気持のものではなく、寧ろ『世界の日本』といふ点に着眼して来たのである。東洋の問題にしても、やはり英米と協調してこそ、その間におのづから解決し得るのである」と述べている。

このように晩年、内政と外交を通じて破壊的な変革を求める超克論的精神の横溢によって、西園寺は次第に孤立していった。孤独は宮中官僚相手にも、政治秘書相手にすら認められる。西園寺は日本が「平和的発展の成功者」として国際場裡に生きることを切望した。それを国内から支え、また文明に適うものと期待したのが政党政治であり、国民から愛される非政治的な天皇であった。しかしいずれも超克の対象となり、政党も自らを見失っているかのようであった。米内光政内閣期には「何だかすることに少しも筋が立つてをらん」と嘆くに至った。

西園寺は後年、「伊藤（博文）がほんとに力を発揮したのは、大久保について働いた時で、それが盛りで、我々の時には、幾分、下り坂だつたと思います」と述懐している。自らについても同様の感慨を抱いただろうか。原、加藤、浜口雄幸亡き後、伊藤が創り、西園寺が育てた人類普遍の文明としての立憲政治を、受け継いでいく人物も、また支えるべき制度も、そこに見出すことはできなかったのである。

最後に、解題者の考える西園寺の功績を三点あげて本稿を終えたい。第一に、政友会をまとめ、日露戦争の講和を支持したことである。社会のムードがおかしな方向に流れて行きかねない時に、大政党がそれを押し止め、正論に向ける効果があった。第二に、満州問題協議会において、伊藤を補佐しつつ、軍政廃止への道筋をつけたことである。この動きは、伊藤から引き継ぎ、幣原外交にも連なる日本外交の一方の伝統をなしている。

そして第三に、国内における立憲政治の発展への貢献である。それは、文明国として列強に伍していくためにも、また、明治の有力政治家が相次いで亡くなっていく一方で国民の政治参加が拡大し、政治エリートが拡散していくことに対処するためにも、必然的な要請であった。唯一の元老となってからの尽力は、敗戦後に立ち返るべき伝統を残し、さらに対日占領政策の立案者にも影響を与えていた点で大きな遺産を残したと言える。

しかしここでは、桂園時代の西園寺の役割、すなわち伊藤から引き継いだ政友会を原に継承し得たことをより高く評価しておきたい。政友会の十周年を記念する当日、党本部では私怨とはいえ壮士による斬殺事件が起こり、しかも淡々と処理されている。このような荒ぶる組織に覚悟の上で公卿の身を投じ、かつて憲法中止を唱えていた桂には政党の意義を認めさせるに至った。政略を担った原は党務に不熱心で脇の甘い総裁に不満であったが、「伊藤は大に西園寺を徳とせしことは毎々聞く所の通り」であったという。

国民を良導する政党、国際関係に留意しながら地域問題を解決する穏健な外交方針、そして、それを支える国内政治体制の整備、これらは近代化の課題というよりも現代の課題であろう。後年いずれも水泡に帰した。政治は結果責任であるから、西園寺についても厳しくまた具体的に責任が問われなければならない。しかし、国家の生命は長い。西園寺ばかりではなく、私達の現在が問われ続けている。

8

山本権兵衛

山本権兵衛
生没年：1852. 10. 15～1933. 12. 8
在任期間：(1) 1913. 2. 20～1914. 4. 16
(2) 1923. 9. 2～1924. 1. 7

千葉　功

『英傑山本権兵衛』
著者　鷲尾義直
発行所　牧書房
発行年　一九四一年

著者の鷲尾義直（温軒、一八八七〜一九五五年）は犬養毅に心酔したジャーナリストで、『犬養木堂伝』を編纂した人物として有名である。鷲尾は一九一三年、関利和の紹介で大日本青年協会（会長―犬養毅、理事―鈴木梅四郎・関利和・相島勘次郎）の機関雑誌『青年』の訪問記者（名士を訪問して談話の筆記を取る記者）となり、犬養の面識を得ると共に、大正政変の分裂時に残留した立憲国民党系の記者となった。一九一七年には『青年』の経営を引き受け（ただし一九一九年廃刊）、一九二四年には後継雑誌である『木堂雑誌』を創刊するに至った。また、犬養毅内閣では内閣嘱託を務めた。犬養の死去後、犬養の伝記編纂を委嘱され、『木堂先生写真伝』（木堂雑誌社出版部、一九三二年、〈復刻版〉木堂先生写真伝復刻刊行会、一九七五年）、『犬養木堂伝』上中下（東洋経済新報社、一九三八〜九年、〈復刻版〉原書房、一九六八年）、『犬養木堂書簡集』（人文閣、一九四〇年、〈復刻版〉岡山県郷土文化財団、一九九二年）を順次編纂した（以上、時習会編刊『温軒鷲尾義直の面影』一九五六年による）。よって、鷲尾が、犬養や犬養と関係の深かった政治家（古島一雄・豊川良平・斎藤宇一郎）の伝記を執筆するならいざ知らず、山本権兵衛の伝記を執筆するのは、一見すると不可思議なことである。

「序」によると、先年、鷲尾が『犬養木堂伝』を編纂した際、犬養と時代を同じくした政治家の伝記を多数読み、そのうち最も感興を覚えたのが山本のものだったという。そして、一九四一年二月下旬、知人の諏訪三郎が鷲尾宅を訪問した際、山本のことを彼に話したところ伝記執筆を勧められ、同席していた出版社長（牧重治）が刊行を請け負ったという。前述の『温軒鷲尾義直の面影』によると、一九四一年は彼が心血を注いだ『犬養木堂伝』の完成した後であり、また『木堂雑誌』も自然休刊の状態に陥っていたように、生活はかなり苦しかったと想像される。よって、生計を得る手段として山本の伝記執筆を行ったのであろう。ちなみに、同年の五月には、同じく牧書房から『国難と北条時宗』を出している。

本書において、史実の大部分は故山本海軍大将伝記編纂会編『伯爵山本権兵衛伝』上下（非売品、一九三八年、〈復刻版〉原書房、一九六八年）に採り、家庭における山本に関しては山本の嗣子清の夫人による『思慕』に仰いだという。『伯爵山本権兵衛伝』は上下巻で一五〇〇頁を越す大冊であり、また関係者にのみ配られたことを考えると、太平洋戦争下の時代において、『英傑山本権兵衛』の与えた影響力は想像するよりも大きかったに違いない。

本書は「権兵衛伯概観」「武人権兵衛伯」「政治家権兵衛伯」「人間権兵衛伯」「先帝より宸翰を拝戴し奉りて」の各部から構成されている。以下、「先帝より宸翰を拝戴し奉りて」を除いた各部のうち、興味深いところを紹介したい。

「権兵衛伯概観」は、文字通りの概観というよりも、特に日露戦争の「英雄」東郷平八郎・乃木希典と山本との関わりを中心に置いている。具体的には、山本が連合艦隊司令長官を、同郷の親友日高壮之丞から東郷（舞鶴鎮守府司令長官）に代えたのも、山本の「適材適所主義」によるものであって、日清戦争時の高陞号事件における東郷の冷静沈着な判断を高く評価していたからだという。また、乃木が自刃の数日前に山本のもとを来訪、形見として掛け軸を山本に贈り、山本も西郷隆盛と乃木の命日のある毎年九月に掛け軸をかけて二人を偲んだという。また、「権兵衛伯概観」の最後には、山本死去直後に行われた加藤寛治の講演を採録して、海軍部内において広く慕われた山本を浮き出させている。

次の「武人権兵衛伯」では、海軍軍人として山本の軌跡が生き生きと描かれている。すなわち、山本は弱冠一四歳ながら年齢を偽って戊辰戦争に従軍、戊辰戦争後は海軍操練所（一八七〇年に海軍兵学寮と改称）に入所した。しかしながら、征韓論争によって政府が分裂、西郷ら征韓派が下野すると、山本は親友とともに西郷を慕って帰郷するも、「一朝想像し難き国難に遭遇する場合に際しては、偏へに海軍の力に頼るの外なし」と西郷に諭され、かつ私学校党からは鹿児島県下の情勢を探りに来たと疑われたこともあって、兵学寮に復学したという。このように、山本にとって西郷は一種特別な存在であって、西南戦争勃発の一八七七年当時は実地研究のためドイツ軍艦乗り込み中ということもあり、ドイツで公使から直接、西南戦争勃発の端緒を聞かされ無限の感に打たれたという。よって、西郷隆盛の弟である西郷従道が兄と進退を共にせず、かえって大久保利通の側に付いたことに対して山本は不満に堪えなかったが、面と向かって西郷従道に質して疑問が氷解した後は、西郷海軍大臣を助けて大いに働いたという。すなわち、山本は海軍大臣官房主事として毀誉褒貶を意に介さず海軍改革を断行、「権兵衛大臣」の異名を奉られることになる。山本の豪胆な態度は海軍部内のみならず陸軍に対しても貫かれ、日清戦争の際、「海上権（制海権）」の概念を政府上層部に周知させるため、川上操六（参謀次長）の陸軍万能論を反駁して、陸軍の工兵隊を用いて九州〜対馬〜釜山への架橋をしたらと揶揄したという。しかしながら、山本は豪胆であったと同時に、細心であったことを示すエピソードも多数紹介される。例えば、練炭製造所建設に際し、山本の思慮は稠密で、かつ研究を怠らなかったという。また、日露戦争直前、戦艦敷島が暴風のため暗礁に乗り上げたことに対して適切な処理を行うなど、海軍勢力の保持に常に苦心した。また、山本は、明治天皇に海軍式の大元帥制服を着用するよう執拗に求めるなど、陸軍に対する海軍の地位向上にも強いこだわりを示したのである。

さて、三番目の部である「政治家権兵衛伯」では、先ず、同時代の類型的政治家である大隈重信・後藤象二郎・後藤新平なども到底及ばなかった山本の迫力を、彼の最も卓越した特色としている。その迫力は外国人に対しても発揮された。例えば、一八九〇年、山本が朝鮮に渡り、同地滞在中の袁世凱に面会を求め、袁が感冒のため謝絶したところ面会を強要したとか、一九〇七年に伏見宮の英国行に随行した際、フランス軍艦の自爆沈没事件に対し山本がフランス海軍に弔電を打ったところ、その返事がなかったとしてフランスへの立ち寄りを拒否したとかいったエピソードが展開される。ただし、山本の外交ぶりは強気一点張りではなかったとして、同じく一九〇七年のドイツ訪問時に、若きときの実地研究で世話になったモンツ艦長や、義和団事件の際の連合軍総司令官ワルデルゼーの墓を詣でた話が紹介される。このような海軍軍人時代のエピソードが山本の剛毅さをよく表わしたものであるのに対して、純粋政治家時代、すなわち第一次・第二次内閣の話は、内閣がともに短命に終わったため、山本が政治的手腕を十分に発揮することのできなかったことが強調される。すなわち、第三次桂内閣末期の政治的混乱の最中、山本が「突風的」に出現して桂から辞職の言質を取ったため桂内閣が総辞職に追い込まれ、続いて山本が内閣を組閣するも、海軍部内の汚職事件であるシーメンス事件によって短命に終わった。その際、山本自身の収賄への関与を追及した尾崎行雄の攻撃よりも、山本自身の関係の有無に関わらず、多年海軍の全権を掌握していた山本には責任があるという論法を用いた犬養毅の攻撃の方が適確であったという、興味深い指摘がなされる。同じ「憲政の神」ながら、犬養には心酔し、尾崎には不服を抱いた鷲尾ならではの記述である。そして、このため山本は第二次内閣の組閣において、尾崎の入閣には一顧だにしなかったが、犬養の入閣には樺山資英（内閣では書記官長）の熱心な推挙もあって従ったという。その第二次内閣の組閣は、数日前に発生した関東大震災の混乱の最中に行われたのであるが、そのさまは組閣にあたって山本の参謀役を務めた樺山資英の回顧文が生き生きと描き出している。

最後に、「人間権兵衛伯」では、家族想いの山本に関するエピソードが多数引かれている。例えば、無類の愛妻家であったこと、常日頃から身だしなみをしっかりしていたこと、いつ海軍軍人をやめてもよいよう質素倹約に努めていたこと、適材適所を考え人材を惜しんでいたこと、容貌の豪胆さと違って細心で思慮稠密であったこと、西郷隆盛・従道と伊藤博文を特に敬愛していたこと、等々である。これら家庭に関する山本のエピソードのうち、山本清夫人による『思慕』から取られたものは、『伯爵山本権兵衛伝』にも見られないものであると思われる。

以上、「日本海軍の父」として海軍部内において比類なき勢力を有した山本らしく、また同時期の政治家には珍しいほどの無類の愛妻家であった山本らしく、「武人権兵衛伯」や「人間権兵衛伯」の部は、山本を髣髴とさせるエピソードに富んでいる。かたや、政治家としては二回内閣を組閣するも、共に短命に終わったこともあって「政治家権兵衛伯」の部はエピソードに精彩を欠くが、それが逆に「不遇の政治家」たる山本を照らし出していると思われる。

9

寺内　正毅

国立国会図書館ホームページ「近代日本人の肖像，首相編」

寺内正毅
生没年：1852．閏2．5～1919．11．3
在任期間：1916．10．9～1918．9．29

中澤　俊輔

『父子寺内元帥』
著者　片倉藤次郎
発行所　アジア青年社
発行年　一九四四年

近代日本において、陸軍は有力な政治勢力として存在した。とりわけ陸軍長州閥の権勢は突出しており、明治から昭和にかけて四名の首相を輩出した。

もっとも、山県有朋を除く桂太郎・寺内正毅・田中義一の三名は、失政の責任を負って内閣を総辞職し、不遇の晩年を託っている。殊に、寺内は「非立憲（ビリケン）」の呼称と相俟って不人気を得たが、その死後四半世紀を経て刊行されたのが本書『父子寺内元帥』である。

本書は、その名のとおり寺内正毅・寿一父子の伝記である。だが、父子は別々に叙述され、寿一よりも正毅に多くの紙幅を割いている。さらに特筆すべきことに、寺内内閣についての記述が全体の過半を占めている。

その構成が示唆するように、本書は政治家、就中首相としての寺内正毅の再評価を目的としている。すなわち、寺内を「帝国憲法の厳粛なる解釈者」、「非政党内閣主義者」（八頁）と定義し、「議会に多数の党員を擁する政党のみが内閣を組織すると云ふ思想を以て日本の憲法上容認し難いものとする」(同)ことを寺内の政治信念として挙げている。太平洋戦争の最中に刊行された本書は、「デモクラシー全盛の時流に超然として大権に基礎づけられたる内閣主義に終始一貫して奮闘し続けた事」(九頁)に、寺内の政治家としての存在価値を見出したのである。

なお、著者の片倉藤次郎はかつて『ウィルソン奮闘史』(外交時報社、一九二二)を発表し、米大統領ウィルソンを「博愛高邁なる理想主義の政治家」と賞賛していた。以下、ウィルソンとは対極的な軍人首相の復権を試みた本書に準拠しつつ、寺内の生涯を概観したい。

寺内は一八五二年、長州藩の下級武士の家に生まれた。戊辰戦争に参加し、維新後は教導隊、御親兵を経て陸軍歩兵少尉となる。西南戦争で負傷後、八八年陸軍士官学校長となるまで主として士官育成に携わった。日清戦争では運輸通信長官を務め、九九年教育総監、一九〇〇年参謀次長となり、北清事変では日本の主導権確保に努めた。寺内は戦歴こそ少ないものの、官僚軍人として頭角を現し、山県・桂に次ぐ陸軍長州閥の巨頭となった。

一九〇二年三月、寺内は第一次桂内閣の陸相に就任し、日露戦争を経て九年五ヶ月同職を務めた。この間、長州人優位の人事と参謀本部に対する陸軍省の優越によって陸軍支配を固め、日露戦後は満洲権益の確立と陸軍軍拡を主張した。一方で陸軍のセクショナリズムを抑制し、閣内での政治的地位を高めた。

一九一〇年五月、韓国統監(陸相兼任)となった寺内は、同年八月に日韓併合条約を調印し、初代朝鮮総督に就任した。寺内総督時代には憲兵による「武断統治」が敷かれる一方で、各種産業の開発が進められた。

この間、寺内の権力基盤である陸軍は、二個師団増設問題によって政変を招いたとして批判を浴び、陸軍内部でも岡市之助陸相が寺内の影響力を排除しつつあった。寺内は一九一一年伯爵、一六年元帥となったが、山本権兵衛・大隈重信の組閣を尻目に朝鮮での雌伏を余儀なくされた。

一九一六年一〇月、首相大隈は後継首班に加藤高明を推薦して辞表を提出したが、元老の意向により寺内に大命が降下した。山県が「挙国一致」を名目に加藤・立憲同志会との提携を促す一方で、大隈内閣の倒閣を画策した後藤新平は対中国政策の転換を理由として原敬・立憲政友会との提携を主張した。結局、寺内は同志会との提携を拒み、政友会も是々非々主義を掲げて閣外協力の態度をとった。

組閣に際して寺内は「挙国一致」を掲げ、山県系を中心とした超然内閣が発足した。閣僚には後藤（内務）、大島健一（陸軍）、加藤友三郎（海軍）、松室致（司法）、岡田良平（文部）、仲小路廉（農商務）、田健治郎（逓信）が就任し、後に本野一郎（外務）、勝田主計（大蔵）が入閣した。後藤と仲小路は反同志会の急先鋒と目され、同志会など三派が合同した憲政会は反寺内内閣の旗幟を鮮明にした。

寺内内閣の最大の課題は対中国政策の転換であった。寺内は南北両政権を支援した大隈内閣を批判し、対中不干渉を掲げた。また、日中両軍の衝突事件（鄭家屯事件）を穏便に処理して政策転換を示唆した。

加えて、衆議院の多数を占める憲政会との対立は不可避であった。一九一六年末からの第三八議会では、憲政会と立憲国民党が共同で内閣不信任案を提出し、寺内は議会を解散した。不信任案提出は、憲政会との対決を望む政府の了解を得た、国民党党首犬養毅の計略であったが、本書は同議会を指して「議会政治主義と帝国憲法の明文に基く大権政治主義との衝突」、「政党内閣主義と非政党内閣主義との激闘」（一一二頁）と評している。

解散総選挙に向けて、寺内は「衆議院に最勢力を有する政党」である憲政会を批判し、後藤に至っては「不自然なる多数党」と公言した。また、内閣は政友会と提携しつつ、田が陣頭に立って中立議員の擁立を画策した。選挙の結果、政友会が第一党となり、憲政会は大幅に議席を減じた。

さらに、内閣は政党政派を超越した国策の樹立を掲げ、一九一七年六月、宮中に臨時外交調査委員会（外交調査会）を設置した。外交調査会は閣僚（首相・外相・内相・陸相・海相）、枢密顧問官三名（牧野伸顕・平田東助・伊東巳代治）、政党党首二名（原敬・犬養毅）を構成員として、新たな国策統合機関を目指した。

外交調査会によって政友会と国民党の協賛を得た寺内内閣は、第三九議会・第四〇議会を大過なく乗り切った。だが、内閣は外交において二つの問題に直面する。

一つは対中国政策である。中国政府が第一次大戦の対独参戦をめぐって内部抗争を続ける中、一九一七年七月、寺内内閣は段祺瑞政権の支援（援段政策）を決定し、「朝鮮組」の西原亀三を通じて日本単独による借款（西原借款）を行った。また同年一一月には、中国における日本の特殊利益を承認する石井＝ランシング協定をアメリカとの間で結んだ。借款総額は一億七〇〇〇万円を超え、段政権の南方派に対する武力統一政策に用いられたが、段政権の瓦解によってほとんどが未返済に終った。本書は列国の了解なく政治借款が行われたことを認め、西原の介入についても、中国駐在財務官の不在を指摘しつつ「苦き体験」（一八五頁）と評している。

今一つはシベリア出兵である。一九一七年一一月以降、ロシア革命と独ソ単独講和によってドイツ勢力の東漸が懸念される中、英仏は日本に共同出兵を要請し、外務省と陸軍も自主出兵を唱えた。出兵は一旦見送られ、本野は辞職したが、一八年七月、アメリカがチェコスロヴァキア軍救援のために共同出兵を要請し、八月に出兵が決定された。もっとも、当初予定のウラジオストックへの限定出兵は、シベリア地方への全面出兵へと拡大した。本書は『田健治郎伝』（田健治郎伝記編纂会、一九三二）を引用し、出兵に慎重だった寺内を評価している。

このシベリア出兵と連動して、内閣総辞職の引き金となったのが米騒動である。第一次大戦の影響によって物価が上昇を続ける中、政府は一九一七年八月、米穀類などの買占め・売惜しみを禁止する暴利取締令を公布したが、効果は薄かった。一八年夏にはシベリア出兵の噂から米価が急騰し、七月の富山県での騒動を発端として米騒動は全国に波及した。政府は軍隊を出動させて鎮圧に当たる一方で、国庫から一〇〇〇万円を支出して緊急的に米穀を収用した。また、本書は触れていないが、米騒動の政府責任を追及した大阪朝日新聞に対して、内務省は発行禁止を求めた（白虹事件）。

すでに持病が悪化していたこともあり、寺内は米騒動の責任を負って、一九一八年九月末に内閣を総辞職した。退陣後は療養の日々を送ったが、病状が回復しないまま一九年一一月死去した。享年六八歳。

本書は政党内閣を否認した点を指して、寺内を「融通の効かない政治家」（八頁）と評している。その謹厳実直な性格や官僚軍人の経歴は、本書刊行当時の首相東条英機に通じるものがあり、戦時において国策統合を目指した点でも寺内と東条は類似していた。第一次大戦中にあって、寺内は元老の支持に依拠しつつ、藩閥勢力を結集し、政党の協賛を得ることで「挙国一致」を目指したのである。だが、寺内の後継には「本格的政党内閣」の原内閣が発足し、陸軍も長州閥から独立して政党との提携を模索していった。

寺内の個人文書として、国立国会図書館憲政資料室所蔵の「寺内正毅関係文書」がある。これは寺内の日記・書類・書簡など三三九五点からなり、書簡目録に『憲政資料目録八　寺内正毅関係文書（付）岡市之助関係文書』がある。一部は翻刻され、山本四郎『寺内正毅日記　一九〇〇―一八』（京都女子大学、一九八〇）、北清事変・朝鮮関係・陸軍二個師団問題・日中関係・日露関係等の史料を収録した同『寺内正毅関係文書　首相以前』（同、一九八四）、寺内内閣期の日記・書簡・書類・外務省報告・内外新聞記事等を収録した同『寺内正毅内閣関係史料』上下（同、一九八五）が刊行されている。また、山口県立大学附属図書館内にある「桜圃寺内文庫」には、寺内が蒐集した膨大な一般図書・古典籍と、朝鮮総督時代に蒐集された歴史文書類が収蔵されている。このほか、陸上自衛隊山口駐屯地防長尚武館にも一部が寄贈されている。

伝記として、黒田甲子郎編『元帥寺内伯爵伝』（元帥寺内伯爵伝記編纂所、一九二〇。復刻版、大空社、一九八八）がある。同書は全四編の伝記と逸話集からなる大著だが、寺内内閣については批評を避けて事実を列挙する方針をとっている。

最後に寺内寿一について略述したい。寿一は一八七九年、正毅の長男として生まれた。一九〇九年陸大を卒業後、陸軍軍人として昇進を重ね、一九年正毅の死去に伴い伯爵を襲爵した。三六年三月、広田内閣の陸相に就任し、二・二六事件の事後処理として粛軍人事を断行する。しかし、三七年の第七〇議会では浜田国松の陸軍批判（切腹問答）を受けて議会解散を要求し、閣内不一致により総辞職に至った。その後、軍事参議官、教育総監を務め、日中戦争では北支那方面軍司令官となり、三九年には親善使節として独伊両国に派遣された。日米開戦後は南方軍総司令官となり、四三年六月元帥号を賜る。四五年八月終戦により投降、四六年六月レンガム（現シンガポール）で病死した。享年六八歳、奇しくも正毅と同年だった。

寿一の個人文書として、憲政資料室所蔵の「寺内寿一関係文書」のほか、陸上自衛隊山口駐屯地防長尚武館にも一部が寄贈されている。また伝記に、上法快男『元帥寺内寿一伝』（芙蓉書房、一九七八）がある。

10
原　敬

原敬
生没年：1856. 2. 9～1921. 11. 4
在任期間：1918. 9. 29～1921. 11. 4

清水唯一朗

『原敬全伝』天篇・地篇
編者　菊池悟郎・溝口白羊
発行所　日本評論社出版部
発行年　一九二二年

暗殺の衝撃と平民宰相の神話化

大正十（一九二二）年十一月四日、上は天上から下は巷間まで、この国に生まれ育った人々はかつてない衝撃に見舞われたであろう。一国の宰相、しかも時代を政党政治へと大きく動かした人物が凶刃に斃れたのだから。本書・天の巻に収められた人々の姿、とりわけ原の先達たる西園寺公望の落胆した表情は、原の死によって喪失したものの大きさを物語っている。

わが国憲政史が初めて直面した現役宰相の暗殺という事態はもちろん大きな政治変動を生んだが、同時に原その人の評価をも変えていった。在世中においては初の無爵平民宰相、政党政治の開闢者としての期待と実績の一方で、ともすると強権的に映る政治手法や普通選挙への抑制的な対応によって生じた当否双方並んだ彼の名声は、その悲劇的な最期によって大宰相神話へと昇華したのである。とりわけ、原ののちに政党内閣が途絶えたことはその存在をかえって強く印象付けることとなり、その生涯を辿る顕彰伝が陸続した。佐藤亮太郎『平民大宰相原敬』（一九二二年）、田村直臣『我が見たる原首相の面影』（一九二二年）、佐藤国三郎『大平民原敬』（一九二三年）、伊藤痴遊『原敬』（一九二六年）などがその主たるものである。

正伝たる本書は、その劈頭を飾るものである。編纂の実務には、長年親近した菊池悟郎、溝口白羊がその任に当たり、原家をはじめ各方面がこれに協力し歿後わずか四ヶ月で完成をみた。暗殺の顛末から葬儀までを詳述した天の巻、誕生から研鑽、官途から治世までを描いた本伝・地の巻。そのいずれもが数多の談話と写真によって構成することにより、清冽に原の生き様を論じ上げている。本書が刊行後わずか三ヶ月で六版を重ねていることは、平民宰相暗殺の衝撃と、本書に依らんとする人々の感傷をよく伝えている。

昭和戦前の政党内閣期が到来すると、この平民宰相は、単体ではなく政党政治の祖として、その文脈の中で語られるようになった。この時期、原研究の基礎資料となる『原敬全集』（同刊行会、一九二九年）が編まれたことは、原が顕彰から研究の対象となったことをよく示している。

ところが昭和十年代に入ると、神話への回帰が見られるようになる。政党政治の凋落という状況が、原のような指導力に溢れた政党政治家を待望する声となったのである。政治記者・前田蓮山が『原敬伝』（高山書院、一九四三年）を世に問うたのは正にこの頃であった。原の謦咳に親しく接したことを自認する前田は、顕彰色の強い正伝を叩き台に、自らの知見を盛り込んで体系的な評伝を作り上げた。前田は元老らの資料が開示されつつあることと自らの余命とを執筆の理由に挙げているが、その筆致からは原敬の実像を伝えることで現下の政党政治家の奮起を促がそうとする前田の真意が見て取れる。

原敬日記の翻刻公刊による研究の進捗と批判

時は下り戦後を迎えると、かつて神話化によって影を潜めていた原敬の強権的もしくは専横的なイメージが再び像を結んでくるようになる。それは戦後において政治の民主化が戦前との対比の中で強調されたことと無縁ではなかろう。

原が「当分世に出すべからず」と遺言した日記。それが戦後まもなく公開されたことは、戦後民主化の中における原評価の変化と無縁であったとはいえまい。公開を決意した後嗣・奎一郎は「太平洋戦争の結末は、図らずもこの日記に関して従来私の費してきた顧慮の大半を無用に帰せしめ、父の遺言の指示も亦、すでに文字通りの解釈に従ふを要しない時世を齎した」と記している。『朝日新聞』に抄録のうえ連載された日記は、まもなく全体が乾元社より出版され、それは如上の研究状況を大きく変える原動力となった。原の行動は元老主体の政治史の中に明確に位置づけられ（岡義武『近代日本の政治家』）、打ち出した政策はその政治的人格形成と共に解き明かされ（三谷太一郎『日本政党政治の形成』）、政権獲得に向けた行動は政治技術の文脈から論じられた（テツオ・ナジタ『原敬』）。さらに故郷・盛岡の旧宅倉庫から関係文書が発見、翻刻刊行されると、原研究は新たなる補助線を得て思想（川田稔『原敬』）、戦術（玉井清『原敬と立憲政友会』）、通史的評伝（山本四郎『評伝原敬』）へとさらに多岐に及ぶ広がりを見せた。

日記と関係文書の発見、刊行は、確かに研究状況を飛躍的に変化させた。しかし、これらの研究はいずれも多くを原自身が語る史料に依拠したことから、原からの視点に偏向しているのではないかという問題が提起されるようになった。彼の遺書からは、その日記が後世に残り影響を及ぼすことが明確に意識されていたことが知られる。如上の批判が相応の理を有するのは勿論であるが、のみならず、そこにはさらなる研究の展開への希求がある。

ろう。

関係史のなかの原敬――原を育んだものと原が育んだもの

今日の研究状況はこうした要求に応えつつある。非政友系、もしくは第二党（立憲同志会、憲政会、民政党）研究の進捗は、新たなる方向性の模索のひとつである。近代日本政治研究が元老、原・政友会と進んできたことに鑑みれば、第二党研究は肥沃の地であり、近年においては元老・政友会・第二党の相関関係を意識して論じる研究が現れている。政党政治における、いわば関係史の探求が進みつつあるといえよう。

しかし、第二党研究が桂太郎、加藤高明、若槻禮次郎、浜口雄幸といった複数の軸によって多面的に理解が進み始めていることを見ると、それに対比されるべき政友会研究が実のところその比較に耐えうるだけの複層性を有していないことに気がつかされる。結党初期や大正後期、昭和期における党内構造について複層的な研究が進む一方で、原敬総裁期については原の視点からの一次元的なものに止まっている。原敬研究が進捗を見せたことのコインの裏表である。すでに政友会関係者の史料も多くある現状に鑑みれば、政友会内における関係史もパズルのピースのひとつとなろう。官僚、貴族院・華族、選挙民との相関関係がさらに解き明かされれば、立体的な原・政友会・政党政治・近代日本政治の像が立ち上って来る（拙著『政党と官僚の近代』、西尾林太郎『大正デモクラシーの時代と貴族院』、宮崎隆次「政党領袖と地方名望家」）。本書に所収された数多の関係者談話は、関係史を構築する上で貴重な史料のひとつとなろう。

こうして組み上がる関係史を補助線とすると、これまでとは方向を異にする研究の展開が可能となる。それは事実の情報源に止まらない、さらなる日記の読みの内在的深化である。日記の公開に踏み切った後嗣・奎一郎は、翻刻刊行によって日記の歴史的意義の評価が確立したのち、福村出版より改装新版される際、「政界表裏の消息を伝える比類なき文献」に止まらず原の性情に踏み込んだ新しい読み方への期待を投げかけた。原の日記は通常のそれとは異なり、行動を記録するに止まらない。まさに日記そのものが彼の思索と戦略の場であり、それゆえに研究の沃野である。こうした同氏の思いからであろうか、新装版には詳細達意の人名・事項索引が付され、読者の便に供された。しかし、それは一方で日記から必要な「歴史的事実」だけを抽出する傾向を助長することとなり、かえって奎一郎が期待した、原の内部へのアプローチは等閑となる結果を招いた。そして抜き出しの傾向は文脈を見失わせ、原敬の総体的なイメージの中で「歴史的事実」をプロットすることによる誤認を生じさせる危険を伴う。関係史の補助線が充実しつつある今日こそ、原敬日記のような根本史料の通読がかえって意味を持つようになっているのではないか。

例えば、政友会における原を論じるとき、大きな補助線となるのは西園寺であろう。桂園体制期において原日記はつねに西園寺の優柔不断ぶりをなじっているが、西園寺側に残る原の書翰からは、西園寺に全面的に依存する原の姿が見えてくる。その上で再び日記に取り組むと、そこには従来とは異なる新たな読みが展開される。第一次西園寺内閣の突然の瓦解を原が理解し得なかった所以も、ここから知り得よう。政治家・原が何によって育まれたのか、その全体像が捉えられよう。

こうした補助線付きの読みからは、本書でしばしば述べられる原人事の妙が、より周到な形で現れてくる。鹿児島出身で風格のある床次竹二郎を衆議院へ、官僚として抜群の能力と人脈を誇る水野錬太郎は貴族院へ、そして政友会で出色の法曹家・横田千之助を政党人としては初めて法制局長官に登用する。その妙用たること、彼の人物鑑識眼の確かさを裏付けている。しかし、それ以上に注目されるのは原が常に昇り行く人材をうまく適所に当てていくだけでなく、退いていく人物の後図に万全の配慮を与えることである。原自身、外務官僚から新聞界に転出し、政友会結成に参加した頃はまさに行き悩みの時代であったのだから。世話の人としての原のすがたが見出せよう。

関係史の充実という状況は、それを補助線とした根本史料の通読による読みの深化を可能とした。日記の公開で期待された思索へのアプローチは、政治家・原敬のみならず、日本政党政治の本質へのアプローチとして開けつつあるといえよう。

11

高橋　是清

国立国会図書館ホームページ「近代日本人の肖像，首相編」

高橋是清
生没年：1854．閏7．27～1936．2．26
在任期間：1921．11．13～1922．6．12

『高橋是清伝』

中澤　俊輔

編者　麻生大作
発行所　高橋是清伝刊行会
発行年　一九二九年

首相の中には、失政によって評価を下げる者もいれば、退陣してなお輿望を集める者もいる。後者の一人として高橋是清を挙げることができるだろう。

高橋は一九二七年に田中内閣の蔵相として金融恐慌を収拾した後、政界を退いていた。だが、二九年七月の田中内閣総辞職、同年九月の総裁田中義一の急死によって立憲政友会は苦境に立たされ、同年末には世界恐慌の影が迫っていた。財政家高橋の復帰が希求される中、本書『高橋是清伝』は刊行された。

もっとも、本書に数日先んじて刊行された『是清翁一代記』によれば、高橋は引退後、元秘書官の上塚司と所蔵資料を整理したものの、伝記刊行の誘いを固辞していた。ところが一九二八年夏頃、高橋是清伝刊行会を称する団体が方々で金を集め、高橋の承認を得たかのように吹聴し始めた。業を煮やした高橋は、二九年一月から一一月にかけて大阪・東京朝日新聞紙上で「是清翁一代記」を連載するに至ったという。高橋は高橋是清伝刊行会を名指しで批判しており、本書もまた非公認の伝記と推定される。

こうしたいわく付きの本書は、高橋の出生から一九二七年の政界引退までの伝記と、高橋の演説・論稿を収録した別篇からなる。伝記は日露戦争の外債募集までを『是清翁一代記』に依拠し、政界入り後は各内閣について概説的に論じている。以下、本書に準拠しつつ「生れながら数奇なる運命児」高橋の半生を概観したい。

一八五四年、高橋は幕府御用絵師の私生児(本書では明記を避ける)として生まれた。まもなく仙台藩士高橋家の養子となり、横浜でヘボンに英語を習うと一四歳で藩費留学生として渡米した。明治維新の報を受けて一年余で帰国し、大学南校教官となるものの、放埓な生活がたたって辞職する。数度の転職を経て農商務省に入り、初代特許局長として特許制度の創設に携わったが、官を辞して臨んだペルー銀山の買収に失敗してしまう。九二年日本銀行に入行、九九年日銀副総裁となり、日露戦争では外債募集に奔走した。その功績により一九〇五年貴族院議員、一九〇七年男爵となり、一一年日銀総裁に就任した。

一九一三年二月、高橋は第一次山本内閣の蔵相に就任する。入閣は首相山本権兵衛の説得によるものだったが、同時に政友会に入党し、臨時政務調査会長、選挙委員長、総務委員を歴任した。

一九一八年九月、高橋は原内閣の蔵相に就任する。同内閣では、大戦景気を背景として地方利益関係費や国防費を増額する原敬に対し、高橋は戦後不況を警戒して行財政整理と支出抑制を進言した。だが、二一年度予算は過去最高の一五億六二〇〇万円に上り、政策転換と関連した内閣改造の提言にも原は応じなかった。

一九二一年一一月、原が暗殺されると、西園寺公望は「原内閣の継承と政友会の統率とを全ふするには、其後任を幕僚に求めて之が善後を収拾するの一途にありき」(本書一六四頁)として高橋奏薦に動き、高橋を後継首班として全閣僚が留任する高橋内閣が発足した(蔵相は高橋が兼任)。また、政友会筆頭総務の岡崎邦輔は高橋の党総裁就任について西園寺の賛意をとりつけ、総理・総裁不可分論を唱えて幹部を説得した。この結果、高橋が第四代政友会総裁に推戴された。

高橋内閣は、原内閣が遺した課題、具体的には戦後不況の打開とワシントン体制への対応を目指した。政策構想として、①軍縮と行財政整理を中心とした放漫財政の修正、②列強との協調と日中経済提携、③税制整理と権利拡張による中間層以下の負担軽減および安定化が挙げられる。

一九二一年末からの第四五議会では二二年度予算が可決され、財政支出の抑制と税負担の均衡によって前年度比一億一八〇〇万円の減額を達成した。他方、地方利益要求として中橋徳五郎文相が大学昇格案を、元田肇鉄相が鉄道敷設法案を希望し、高橋と対立した。貴族院研究会は会期延長を勧めたが、高橋は延長手続を行わず、大学昇格案は審議未了となった。

また、高橋は野田卯太郎逓相・横田千之助法制局長官らと計り、中橋・元田の辞職と小川平吉・田健治郎・田中義一の入閣を画策した。高橋ら「改造派」(本書「改革派」)の狙いは政策転換と山県系との連繋強化であり、田を媒介として貴族院幸三派と協調する意図もあったと思われる。一方、中橋・元田・床次竹二郎内相・山本達雄農商務相ら「非改造派」(本書「非改革派」)は内閣改造に反対し、研究会との結束を強めた。

さらに、党外からの人材登用と地方利益による党勢拡大を併用した原に対し、高橋は地方利益を抑制して党員の質的向上を望んだ。また、改造派を幹事に選任して党内の掌握を図ったが、こうした党運営は地方団体や非改造派の反発を招いた。

結局、改造派と非改造派の対立は議会終了後も解消されず、一九二二年六月に内閣は総辞職した。

このほか、第四五議会では憲政会と立憲国民党が共同で普通選挙法案を提出したが、議場内外の喧騒の末に否決された。また、陪審法案は衆議院を通過したものの貴族院で審議未了となった。さらに、共産主義・無政府主義等の宣伝活動を取締まる過激社会運動取締法案は、貴族院で修正可決した後に衆議院で審議未了となった。

なお、高橋内閣では政友会政務調査会が行政整理案を作成し、内閣に行政整理準備委員会を設置するなど後年の行財政整理の布石を打った。

高橋内閣総辞職後、非改造派が政友会の主導権を握ったが、加藤友三郎内閣の緊縮財政方針によって地方利益要求は行詰まり、改造派の政策刷新も不調に終った。こうした中、一九二四年一月に清浦内閣が成立すると、高橋ら「非改革派」（本書「改革派」）は内閣を非難し、内閣を支持する床次ら「改革派」（本書「非改革派」）は脱党して政友本党を創立した。高橋率いる政友会は憲政会・革新倶楽部とともに護憲三派を結成し、解散総選挙に臨んだ。高橋も爵位を返上して原の選挙区の盛岡市から出馬し、政友本党の対立候補を破って当選した。

総選挙では護憲三派が圧勝し、一九二四年六月に加藤高明内閣が発足した。高橋は農商務相として入閣し、選挙権拡張や貴族院改革を唱えて三派の協調を重視した。だが、政友会内では憲政会の優位に対する不満が高まり、田中義一を総裁に推す運動が進められた。二五年四月には田中が新総裁となり、高橋は内閣を辞した。

一旦は政界を退いた高橋だったが、一九二七年四月、金融恐慌の収拾を条件として田中内閣の蔵相に就任する。高橋は全国の銀行に三日間の休業を命じると、緊急勅令で三週間の支払猶予を実施し、その間に日銀で紙幣を大量発行して銀行へ貸付けた。恐慌の沈静化を見届けた高橋は蔵相を辞職し、衆議院からも身を引いた。本書は蔵相時代の高橋に対する世評を掲載し、財政手腕への期待感を示唆している。

さらに、伝記に続く別篇では高橋の演説・論稿計三六篇を紹介している。内容は財政・金融・貿易に関する意見が多く、特に大隈・寺内内閣の経済政策に対する批判が目立つ。また、「輿論政治」「民本主義」の必要を唱え、主義・政策による政党の協調を説くほか、引退後は政党間競争の過熱を憂慮した。

以上、本書は伝記の体裁をとりつつ、同時代的な視点から高橋の財政手腕を高く評価している。一方で、高橋を「寡欲恬淡の政治家」（本書一八六頁）と評し、「余りに恬淡寡欲潔白なるが故に寧ろ自ら其の渦中に投じて、内閣を投げ出せしは如何にも遺憾とする所」（同）とするなど、その政治指導には注文を付している。高橋は地位を顧みず自説を通して反対派と決裂することがままあり、政策を実現する粘り強さと駆け引きの妙では原に及ばなかった。「己を空しうして国家の為に尽す」（『随想録』二六頁）ことを信条とした高橋には、「政党政治家」よりも「立憲政治家」の称号こそふさわしい。

本書刊行から二年後の一九三一年一二月、犬養内閣の蔵相に就任した高橋は金輸出再禁止と兌換停止を実行し、続く斎藤内閣では時局匡救事業と低利融資によって不況克服と農村救済を図った。さらに三四年一一月、岡田内閣の後任蔵相に就任すると、今度は健全財政を掲げて陸海軍の予算復活要求を抑え、軍備拡張目的の公債発行に反対した。こうした姿勢は陸軍の反感を買い、三六年二月、二・二六事件で殺害された。享年八三歳。

高橋の個人文書は、旧特許庁万国工業所有権資料館（現在は特許庁内の「百周年記念文庫」「貴重文献」コーナー）、首都大学東京図書情報センター、国立国会図書館憲政資料室がそれぞれ一部を所蔵、公開している。また、憲政資料室寄託の「上塚司旧蔵文書」には高橋の伝記編纂史料（刊行状況不明）が収録されている。

高橋に関する著作は数多い。自伝として、高橋是清述『是清翁一代記』上下（朝日新聞社、一九二九―三〇）があり、出生から日露戦争の外債募集までを口述している。後年刊行された高橋是清・上塚司編『高橋是清自伝』（千倉書房、一九三六。復刻版、中公文庫、一九七六）は同書を基としている。回顧録として、高橋是清・斎藤実・岡田啓介述『思ひ出を語る』（讀賣新聞社、一九三四）、高橋是清述・上塚司編『随想録』（千倉書房、一九三六。復刻版、本の森、一九九九)、論集として、高橋是清『立身の経路』(丸山舎、一九一二。復刻版、日本図書センター、一九九九)、佐伯陽堂編『高橋是清大論集』(帝国政治教育会、一九三一)、『高橋是清経済論』(千倉書房、一九三六)、高橋是清述・大久保康夫編『是清翁遺訓　日本国民への遺言』(三笠書房、一九三六)がある。

伝記には、菊池悟郎編輯・川村竹治監修『立憲政友会史第五巻　高橋是清総裁時代』(一九三三。山本四郎校訂、日本図書センター、一九九〇)、斎藤内閣時代までを詳述した立憲政友会本部編『高橋是清翁八十年史』(一九三四)のほか、平易な文章で記された偉人伝の田村栄『高橋是清・偉人読本』(建設社、一九三七)などがある。変りどころでは伝記小説の小杉健太郎『高橋是清』(千代田書院、一九三五)がある。戦後では、大蔵省担当の元報知新聞記者の今村武雄『評伝高橋是清』(時事通信社、一九四八)があり、新史料公開に伴い改訂版(財政経済弘報社、一九五〇)、新装版(時事通信社、一九五八、一九八五)が刊行された。このほかにも、南条範夫『高橋是清』(人物往来社、一九六七)、大島清『高橋是清』(中公新書、一九六九、一九九九)など豊富に存在する。回想録には津島寿一『芳塘随想第九集　高橋是清翁のこと』(芳塘刊行会、一九六二)がある。

12

加藤友三郎

国立国会図書館ホームページ「近代日本人の肖像，首相編」

加藤友三郎
生没年：1861．2．22～1923．8．24
在任期間：1922．6．12～1923．8．24

12　加藤友三郎

松本　洋幸

『元帥加藤友三郎伝』
編者　加藤元帥伝記編纂委員
発行者　宮田光雄
発行年　一九二八年

砲術長から海相、首相へ

加藤友三郎は一八六一（文久元）年二月二十二日、安芸藩（現在の広島県）学問所（後の修道館）の助教授・七郎兵衛の三男として生まれた。戊辰戦争や西南戦争に従軍して後に海軍大学校副官となる長兄・種之助から強い影響を受け、一八七三（明治六）年十月、弱冠十三歳にて海軍兵学寮（後に海軍兵学校）に入学した。同校を二位の成績で卒業した後、一八八六年二月海軍兵学校砲術教授心得兼生徒分隊士心得となる。一八八八年九月海軍大学校副官、のち甲号学生となり、同校第一期生として翌年七月同校を卒業した。卒業後、高千穂・吉野の砲術長をつとめ、日清戦争では豊島沖海戦、黄海海戦などで勲功を重ねた。日露戦争では、連合艦隊第一艦隊の参謀長として、東郷平八郎司令長官に随って旗艦三笠に座乗し、バルチック艦隊に大捷するという戦功を収めた。この日本海海戦で著名な丁字作戦を東郷に献策、敢行せしめたことで、加藤の偉功は不動のものとなるが、生来寡黙な性格の彼は、この海戦についてその後多くを語ろうとしなかったという。

日露戦後は艦隊勤務を離れて軍政部門に入り、海軍省軍務局長を経て、一九〇六年海軍次官に就任し、約四年間にわたって斎藤実海軍大臣を助けた。その後再び本省を離れ、呉鎮守府司令長官を経て、第一次大戦では第一艦隊司令長官としてドイツ艦船の探索や青島攻囲軍の輸送援護にあたった。一九一五（大正四）年、第二次大隈内閣下の大浦事件で辞職した八代六郎に代わり海相となった。以来、約七年間にわたって海相をつとめ、日露戦後以来の海軍の悲願であった八・八艦隊計画を推進した。八・八艦隊とは、一九〇七年四月裁可された「帝国国防方針」等で定められた計画で、第一線艦隊として艦齢八年以内の戦艦八隻・装甲巡洋艦（後に巡洋戦艦に）八隻を備える、というものである。加藤は寺内内閣下で八・四艦隊、続いて八・六艦隊の予算案を通過させ、さらに原内閣下の第四三議会（一九二〇年六月）で、八・八艦隊を一九二七年度までに完成させる海軍拡張予算案を通過させた。このことから、山本権兵衛、東郷平八郎とともに「海軍の三祖」と呼ばれた。

しかし八・八艦隊予算案の通過から約一年後、一転して彼は軍縮に取り組まなければならなくなった。一九二一年一一月から開かれたワシントン会議に加藤は首席全権として参加した。会議は、議長役をつとめるアメリカの国務長官ヒューズが、初日に日米英海軍の主力艦保有比率を六・一〇・一〇とする軍縮案を提議したことから幕を開けた。加藤は翌日の会議で、主義において賛成という日本側の立場を説明し、各国代表から大きな賛辞を受けた。海軍内部では加藤寛治ら軍令部系統に対米比率七割を主張する強硬論もあったが、加藤はこれを抑え、先のヒューズ案に対して、建造中の戦艦陸奥の保有と太平洋防備の現状維持とを条件として、これを受け入れた。この海軍軍縮条約を妥結させたことが、彼に対する国内の政界上層部や各国政治家の評価を高め、後の首相推戴への道を開いたと言えるだろう。

加藤友三郎内閣

一九二二年六月六日高橋是清内閣は、緊縮財政を進めようとする高橋首相兼蔵相と、積極財政政策の持続を求める中橋徳五郎文相との対立が深刻化、閣内不統一で総辞職した。後継首班を天皇に奏請する元老は松方正義と西園寺公望の二人であったが、西園寺は病床にあったことから、松方が主導して選定にあたった。松方は、枢密院議長の清浦奎吾と首相経験者の山本権兵衛にも相談の上、第一候補として海相の加藤友三郎、第二候補として憲政会総裁の加藤高明を推すことにした。松方は、海軍の反発が予想される軍縮をワシントン会議を纏めた加藤自身の手で進めることを第一と考え、もし原・高橋と政党内閣が続く中で加藤が組閣困難な場合には、憲政常道論により野党第一党の憲政会に政権を担当させる、という考えであった。加藤友三郎自身は健康上の理由から、当初は首相就任に消極的であった。こうした事態を見て、衆議院で最大多数を占める政友会は、政権が反対党に移ることに危機感を覚え、無条件で加藤友三郎を支援する旨を伝え、彼は第二一代首相の座に就いた。世論は、痩せぎすで顔面蒼白な加藤の風貌から、「残蝋内閣」と揶揄した。

加藤の在任期間は一年三ヶ月に過ぎなかったが、最大の懸案であった海軍軍縮を進めるとともに、山梨半造陸相とも協力して、平時編制の改正を行うなど陸軍軍縮にも着手した。対外的には、ワシントン会議にもとづく山東半島からの撤兵、寺内内閣から続いていたシベリア駐留の日本軍のうち樺太の保障占領部隊を残して全面撤退するとともに、妥結には至らなかったもののソビエトとの間で国交回復交渉を開始するなど、極東アジアの新たな国際関係に積極的に適合しようとした。

加藤内閣の評価は大きく二つに分かれると言ってよい。一つ目は政友会と研究会という、衆議院と貴族院における最大会派の支持を基盤としていたことから、原・高橋両政友会内閣の延長内閣と評価するものである。加藤内閣の閣僚のうち陸・海・外相を除くほかは、貴族院の研究会と交友倶楽部という二会派の議員で占められており、両会派は原・高橋の政友会内閣を支えていた。政策的にも、加藤内閣は、高橋内閣で着手した財政緊縮路線を継承し、また行政整理準備委員会を継続させて抜本的な行革に乗り出したほか、原・高橋内閣下で成立に至らなかった陪審法案を可決させるなど、明らかに政友会の延長内閣としての側面を持っていた。

これに対して、閣僚に政党員をほとんど含まない中間内閣として、独自の判断を持って政権運営を行うべきである、とする見方もあった。軍縮問題、行財政整理問題と並んで、当時大きな政治課題となっていたのは、選挙法改正問題と税制問題であった。原政友会内閣は、一九一九年に衆議院議員選挙における選挙権の納税資格を、それまでの直接国税十円以上から三円以上に低下させたものの、野党の憲政会や国民党（後に革新倶楽部）が求める納税資格を撤廃する普通選挙法案には、時期尚早を理由に反対の立場を取っていた。しかし加藤内閣は一九二二年十月に衆議院議員選挙法調査会を設置し、同調査会から納税資格の条件付撤廃を趣旨とする答申を得ると、すぐに臨時法制審議会に選挙法改正の件を諮問するなど、選挙法改正に向けた積極的な姿勢を見せた。また当時政友会内で浮上していた地租を国税から地方税に委譲する地租委譲案に対しても、加藤内閣は実施困難としてこれに難色を示していた。さらに政策面ばかりでなく、加藤内閣を支える一方の極の貴族院では、研究会の一部から、従来の政友会との提携関係を見直して、貴族院自ら独自の判断で政権を担当すべきであるという貴族院の政治的自立化の傾向も現れていた。

こうした加藤内閣をめぐる二つの路線は閣内にも存在していた。水野錬太郎内相は政友会幹部の床次竹二郎とのパイプを生かして政友会と研究会との提携関係を機軸に内閣の支持基盤を強化しようとしていたが、岡野敬次郎法相はむしろ政友会と距離を置きながら独自の施策を打ち出すべきだとして、選挙法改正や行財政整理に積極的に取り組んでいた。両者が決定的な対立にまで至らず、また加藤内閣で着手された外交政策や選挙法改正、行財政整理などが、その後の政党内閣期の政策課題を先取りしている点を併せて考えると、加藤が両者間のバランスを旨く保ちながら政権運営を行っていたと評価することもできよう。その加藤も病魔には勝てず、一九二三年八月二十四日大腸癌で死去した。

『元帥加藤友三郎伝』

本書は、加藤友三郎の没後五周年を記念して編纂されたもので、発行者の宮田光雄は加藤内閣の内閣書記官長を勤めた人物である（当時衆議院議員・庚申倶楽部）。冒頭の凡例には、編纂関係者の一人として栗原廣太の名前が見える。栗原は一八七七年鳥取県米子に生まれ、一八九八年日大を卒業後、宮内省に入省、官房調査課長・帝室制度調査局御用掛などを歴任して、宮内省の機務に携わった。一九一四年に退官、南満州鉄道に入社して参事、東亜経済調査局を主宰した。彼は加藤内閣で法相をつとめた岡野敬次郎とも親交が深く、『岡野敬次郎伝』の著者でもある。

宮田光雄と、岡野敬次郎（一九二六年死去）、さらには馬場鍈一（内閣法制局長官）の三人は、加藤内閣の中核を形成し、とくに選挙法改正問題や行政整理問題で中心を担った。本伝記中でも、第四六帝国議会終了後、加藤が三人に調査を内命して、四者間で推敲を重ねていた「新施政方針ニ関スル調査」（未定稿）が紹介されている。この資料は、外務省改革、ソビエト政府承認と北樺太問題解決、衆議院議員選挙法改正、地租委譲、税制整理、関税率改定、植民地銀行整理、義務教育年限延長、農村振興、製鉄業の統一、農商務省独立・交通省新設を含む行政整理など、加藤内閣が直面した政策課題を網羅しており、興味深い。また、加藤の容態が悪化した一九二三年八月に入ってから、岡野が二度加藤の病床を見舞い、宮田を介して加藤の病状報告や政務報告を授受する様子など、加藤と岡野・宮田が強い信頼関係で結ばれていた様子が、岡野の手記を引用しながら綴られている。宮田・岡野・馬場の三名は、先に述べた政友会との関係を重視する内相の水野錬太郎とは一線を画し、加藤内閣末期には、青木信光や黒田長和ら貴族院の研究会幹部の支持を得て、水野を除く加藤内閣の閣僚の大半を留任させ、岡野を首班とした延長内閣を企図して各方面に工作を行っていた。つまりこの伝記は、加藤内閣下で中間内閣として独自路線を進めようとしていた閣僚たちと近い関係者が中心になって編纂されたものと言えるだろう。

13

清浦　奎吾

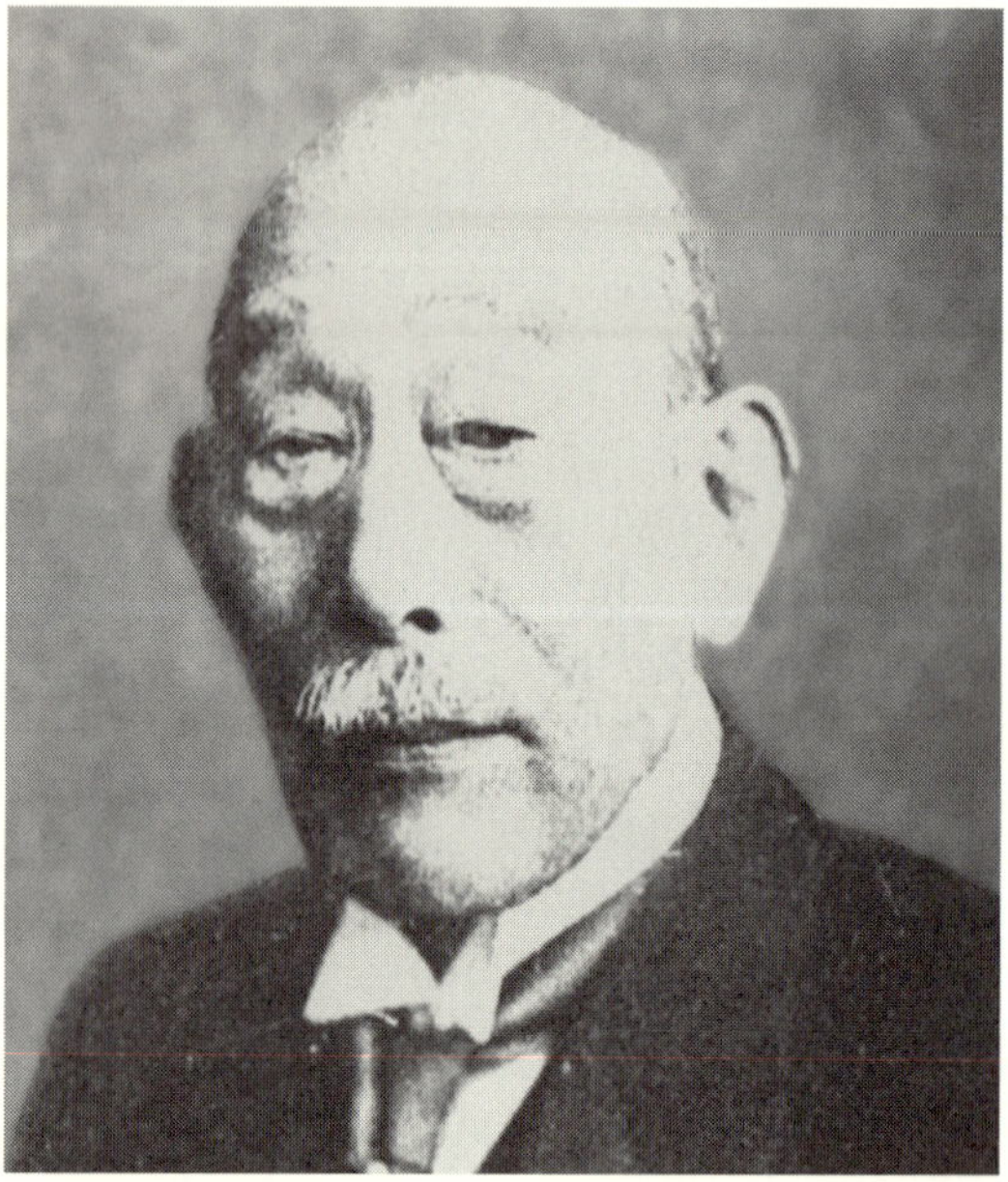

清浦奎吾
生没年：1850. 2. 14～1942. 11. 5
在任期間：1924. 1. 7～1924. 6. 11

13　清浦奎吾

清水唯一朗

『子爵清浦奎吾伝』
著者　後藤武夫
発行所　日本魂社
発行年　一九二四年

『奎堂夜話』
著者　清浦奎吾
発行所　今日の問題社
発行年　一九三八年

清浦奎吾という人物とその時代

近代日本にはその進路を決定づけたいくつかの転換点が存在する。本書の主人公たる清浦奎吾が首班を務めた大正後期は、近代日本の政治体制が大きく変容を見せた時期であった。大正十（一九二一）年、政党政治の先駆者たる原敬が凶刃に斃れ、翌十一年、藩閥勢力の主たる山県有朋がその長途の生涯を終えたこの時期、政界は牽引役を失い、方向性をも見失い始めていた。加えて、翌十二年には関東大震災、虎ノ門事件と天災事変が続き、政治体制の動揺とあいまって社会全体が不安へと傾きつつあった。

清浦内閣はこうした政治的、社会的不安の中で登場する。大正十三年一月七日のことである。第二次護憲運動という倒閣運動に晒されながら、清浦内閣は皇太子(昭和天皇)御成婚と衆議院総選挙を実施した。選挙の結果、政権は護憲三派連立による第一次加藤高明内閣に渡り、昭和戦前の政党内閣期が到来することとなる。

清浦については、本書よりおよそ十年後に刊行された『伯爵清浦奎吾伝』(井上正明編、同刊行会、一九三五年)が存在する。上下巻、天金という浩瀚かつ荘重な同書はまさに正伝というに相応しい威容を誇る。同書には清浦家に伝わる文書や写真が多く掲載され、加えて同郷の知己にして当代随一の史家たる徳富蘇峰が監修に立った。その資料的価値は高く、本書はこの正伝に一歩譲るということすらおこがましい。到底及ぶものではないというべきであろう。

しかしながら、評伝としての価値となると、本書は俄然その本領を発揮する。齢九十に至らんとする重臣をあらん限り顕彰した正伝に対して、本書はまさに内閣が成立し護憲運動という逆風が巻き起こる最中で著された。その筆致からは称揚一辺倒でも倒閣目的でもない、実像をありのままに描こうという筆者の意図が立ち上ってくる。官僚としての栄達を遂げ、政治家として大臣を歴任し、天皇の顧問官、その長とまでなった清浦。そして時代の分岐点にあって廟堂の頂に立つ責を負った彼は、どのように描かれたのであろうか。そこには官僚閥・山県閥の首魁というレッテルでは理解しきれない、官僚から政治家へと累進した彼の生き様と、藩閥政治から政党政治へと移り行く時流が織りなすひとつの重ね絵がある。以下、本書の語るところを引きながら、清浦奎吾という人物の来し方から見えてくる近代日本のすがたを紐解いていきたい。

官僚としての清浦ー苦学力行の能吏

明治の官僚としては珍しく、清浦は士族の出ではない（本書には「士族清浦家を継ぐ」とあるが誤り。清浦姓は咸宜園の先輩の雅号から取ったものである）。嘉永三（一八五〇）年、清浦は肥後国山鹿郡（現、熊本県鹿本郡）の浄土真宗明照寺住職・大久保了恩の五男として生を受けた（同寺には清浦の墓所と記念館がある）。しかし、彼は自らの前に引かれていた僧侶たる道を捨て学問において身を立てることを決意し、広瀬淡窓が開いた名高き私塾・日田咸宜園において刻苦勉励、その基盤を形成する。淡窓以来、人材育成を旨とした咸宜園は清浦にとって天地であった。清浦はここで都講にまで上り詰める。学究への道は彼の前に大きく開けた。

しかし、学を究めた青年は時流に敏感である。時代が明治に改まると青年はさらなる究学をめざし上京、ここで清浦は旧知の前日田県知事・野村盛秀から仕官を勧められる。「男子学成つては当に出て仕ふべきものである」と。治世の衝に立つ野村の言葉は青年学徒の心を強く打たずにはおかなかった。清浦は地方教育の普及に従事し、教育、さらには法制において勉励を続け評を確立していく。

官僚として歩み始めた清浦には範型があった。郷土の先人にして明治政府の頭脳たる井上毅である。清浦は法制部・参事院（現在の内閣法制局）において井上に親近する機会を得、その薫陶の下、論理と先見性を有した能吏へと進化を遂げることとなる。藩閥主流の出身にあらず、閨閥を有さず、士族ですらない。井上同様、清浦にとって苦学力行によって得られる磨かれた自己のみが立身の糧であったのである。

政治家としての清浦――山県の寵児として蹉跌

能吏は大なる触媒を得て政治家へと累進していく。維新の功臣・山県有朋との出会いである。奇兵隊隊長として槍をもって維新に貢献した「一介の武弁」は、明治国家建設の過程で内政の衝に当たるという不得手の難問に直面する。この時、武弁と能吏の幸福な出会いが生まれる。参事院議長と書記官、内務大臣と警保局長、司法大臣と次官、総理大臣と司法大臣・農商務大臣、さらには枢密院議長と副議長。武弁・山県がその活動の領域を広げるに従って、能吏・清浦も大なる活躍の場を得ることとなる。かくして清浦は、陸軍における桂太郎、寺内正毅、宮中における平田東助と並んで、行政における山県の代理人として地位を得ることとなる。彼が山県閥・官僚閥の首魁と評される所以である。

一方における権力は他方における斥力ともなる。清浦が山県を支えることでその地位を確立したことは、同時に彼の政治的活動に一定の制約をかけていくこととなった。それがもっとも端的に表出することとなったのが、組閣の失敗、いわゆる清浦流産内閣である。

大正三(一九一四)年、清浦はついに首相候補に推薦される。第一次山本権兵衛内閣が海軍の瀆職問題(シーメンス事件)の責任を取って総辞職するという事態の収拾が求められた。三度にわたり首相を務めた桂太郎はすでになく、清浦は名実ともに山県の筆頭代理人であった。そして彼を担ぐ郷党の期待も大であった。各方面の了解を取り付け、貴族院を中心に閣僚候補を揃えた清浦は、その最終段階において海軍の反対に遭い、組閣を断念する。その直接的な要求は海軍補充費の承認であったが、山県が政治的対応を勧めるのに対し、清浦はあくまで原則論に固執して駆け引きを拒み、清浦・海軍間の交渉は頓挫した。

組閣の失敗。政治家・清浦にとって回復しえぬ痛手である。正伝は清浦自らの言葉で「大命拝辞ほど苦心したことは、未だ嘗てなかつた」と伝える。しかし、その十年前、清浦内閣と護憲運動の渦中で著された本書は、流産内閣について黙して語らない。それはなぜなのか。

清浦出盧の政治的意味 ― 藩閥と政党、自己と時代のはざまで

そこからは、本書が語ろうとする清浦の姿が見えてくる。それは藩閥と政党のはざまで、政党内閣へと向かう時流の中で再び政治の表舞台に呼び出された能吏の最後の仕事を描き出そうという意図である。

清浦は先導者たる山県なき後、その衣鉢を継いで枢密院議長の任にあった。政治の第一線からは引いた位置に身を処していたのである。それが加藤友三郎首相の病没、続く第二次山本権兵衛内閣の事故的総辞職という事態の中で再び政治の最前線への出盧を迫られる。

四ヶ月後に衆議院議員の任期満了総選挙が視野に入る中、首相奏選の任を負う元老・西園寺公望が党派に関係を有さない人物による組閣を志向したことは当然の判断であったが、その当否は首相たる人物が当を得るかにあった。この選挙は憲政の進捗を左右する分水嶺である。原内閣以来となる政党内閣の成立が待望されながら、政友会は内訌を抱え憲政会は寡少という閉塞状況の変化が期待された。選挙の公正を期す上では、警保局長として、司法次官として能吏ぶりを発揮し、衆議院に政治的基盤を有さない清浦はまさに適任であった。

かくして清浦内閣の、総選挙遂行を軸とする五ヶ月が幕を開ける。政党は貴族院を基盤とする清浦内閣が成立したことを格好の標的として憲政擁護運動を展開し、政友会は内閣支持をめぐって分裂、内閣支持派は政友本党を結成した。このため、この選挙は清浦内閣の与党たる政友本党と、反対党たる憲政会・政友会・革新倶楽部のいわゆる護憲三派の間の選挙戦になったと理解される。

たしかに、護憲三派と政友本党という対立構図が出来上がったことは事実である。政友本党が勝利すれば、貴族院研究会との協調を重視する床次竹二郎ら同党領袖の政治姿勢からして、原内閣型の両院縦断による政権運営が行われたであろうし、護憲三派の勝利が戦前における政党内閣期の嚆矢となったことは周知の通りであるから、本選挙には政権のあり方そのものを問う、政権選択選挙としての性格があったことも指摘されよう。

そうした選挙の中で、注目されるのは護憲運動があからさまな選挙戦術であったにも関わらず、政府は積極的な干渉を行わず、清浦首相の意向に沿った公平な選挙が実施されたことであろう。選挙取締の当事者たる藤沼警保局長の日記からは、中立を貫こうという姿勢が読みとれる。そして、選挙の結果、護憲三派が多数を獲得すると、清浦は西園寺の慰留を謝絶して総辞職する。清浦は最後の大仕事を自らの美学の中で全うする道を選んだのである。能吏たる者の面目躍如たる感があろう。

総選挙後、清浦は続投を要請する西園寺に対して多数党首たる加藤高明を後継に推薦する意向であったという。本書は清浦内閣成立の段に、政党内閣を至当とし、既成政党の改善と健全な発達を希求する清浦の言葉を掲げる。それが世論向けのリップサービスではなく、彼の本意であったところは如上の通りである。それは藩閥政治家ゆえに出世をし、それゆえに政治的行動を束縛された彼の、終幕におけるひとつの回答であった。

清浦奎吾という人物には常に官僚閥・山県閥の首魁、権化というレッテルが貼られる。一己の政治家に官僚、政党政治家というラベルを貼ることは容易である。それはわれわれの記憶のためには有用なことかも知れない。しかし、そうした単一のラベリングはその人物が歩んできた航路を見失わせ、ひいては、彼の歩んだ時代そのものの理解を妨げてしまう危険性を孕んでいることを忘れてはならない。清浦はまさに官僚政治から政党政治という時流の中で、自らをどう位置づけていくか、学問と実践から模索を続けた時代の子であったのだから。

14

加藤　高明

加藤高明
生没年：1860. 1. 3～1926. 1. 28
在任期間：1924. 6. 11～1926. 1. 28

村井　良太

『加藤高明伝』
編者　加藤高明伝刊行会
発行所　加藤高明伝刊行会
発行年　一九二八年

『加藤高明』
編者　杉謙二
発行所　加藤高明伝刊行会
発行年　一九二六年

加藤高明は、一九二四（大正一三）年六月から二六年一月まで首相を務めた。それは彼の最晩年にあたる。議場で体調を崩し、早期回復が期待されながら首相在任のまま死去したのである。享年、数え六七歳であった。その経歴はまことに華やかであり、東京大学法学部首席卒業、三菱創業者の女婿、駐英大使、四度の外相、政党総裁、首相と、世間の耳目と羨望を集めるに十分であった。しかしその実、彼の生涯は長く行路難であった。

本書は、いずれも加藤の死後あまり時をおかずに編纂されたものである。したがって当時まだ明らかでなかったことや、公開がためらわれた事実もあるだろう。しかし、戦前日本における一九三〇年代以降の政党政治の急激な後退を考えたとき、政党指導者の伝記が政党内閣期に編纂されたことは、時代の記録としても意義深い。

加藤の研究は、まとまった史料の少なさもあって、政友会総裁原敬の研究に比べて遅れてきた。史料については、季武嘉也「加藤高明」（伊藤隆・季武嘉也編『近現代日本人物史料情報辞典2』）に詳しい。他に伝記として伊藤正徳編『加藤高明』が浩瀚であり、近藤操『加藤高明』が簡便である。研究書では、イアン・ニッシュ『日本の外交政策』が「加藤時代」に一章をあてている。近年、加藤の政治指導への関心が高まっており、立憲同志会を中心とする櫻井良樹『大正政治史の出発』、第一次世界大戦期の国家再編を論じるフレデリック・ディキンソンの*War and National Reinvention*、そして立憲政治家としての一貫した関心と行動を論じた奈良岡聰智『加藤高明と政党政治』などが注目される。また、政党内閣が常態化していく過程での憲政会の意義を論じた村井良太『政党内閣制の成立　一九一八～二七年』もある。土田宏成「加藤高明」（御厨貴編『歴代首相物語』）も読みやすい。

伊藤と大隈――機会と彷徨

加藤高明は、一八六〇年、現在の愛知県に下級武士の子として生まれた。名古屋洋学校で当時全盛であった英学を学び、上京後、新設の東京大学法学部を卒業した。性格は剛直で正直、皮肉屋とも言われた。

大学卒業後、加藤は三菱会社に入り、約二年間、英国で学んだ。加藤の実業時代は長くないが、その間、陸奥宗光と相知り、岩崎弥太郎の長女春治と結婚したことはその後の財産となった。陸奥は優れた外政家であるとともに議会政治への造詣が深かった。加藤は陸奥との出会いを機に官界に進み、外務省に入省、さらに伊藤博文人脈に連なることになった。

新たに活躍の場を求めた外務省は第二の出会いを用意した。井上馨外相が辞職すると、大隈重信が外相となった。加藤は外相秘書官として条約改正交渉に尽力した。大隈遭難によって交渉が挫折すると、加藤もまた外務省を去った。大隈は加藤を高く評価し、この縁によって大隈人脈にも連なることになった。日清戦争が開戦すると、一時大蔵省にいた加藤は、再び陸奥の招きにより特命全権公使兼政務局長として外務省に戻る。この間、通商局長の原敬と机を並べた。そして駐英公使となり、日清戦争の善後処置と日英同盟の地ならしに力を発揮した。加藤外交の第一の特徴は日本の国益を追求する上で英国との協調を重視する姿勢であり、生涯変わらなかった。

このように早くから前途を嘱望された加藤は、伊藤人脈と大隈人脈、何れの階梯を歩むか、また立身の途として外政家と政党政治家何れに志を賭けようか、悩ましい立場にいた。

加藤は、政友会創立時に創立委員の一人となるよう求められたが、好意的立場を約束しながらも断った。「余自身の為にも、また国家の為にも」このまま外政家の道を歩むことが最善であると考えたからである。それは、基礎もなく子分も待たずに入党しても立場は弱く、十分な活躍ができないのではないかとの懸念からであった。そこで外政家として国家に尽くすとなると、「対外政策の継続性を確立する為には、外務大臣は大政党の党員でない方が良いのではなからうか」と考えたのである。

第四次伊藤内閣が成立し、外相に求められた加藤は、党派的色彩のない大臣であることを承知の上で支持することや、外務省の官吏はできるだけ更迭しないことなどの条件について、事前に首相の了解を得た。外務省による外交一元化への信念は加藤外交のもう一つの柱であり、生涯、軍部や元老等の介入に否定的であった。そしてこの時の条件や一連の経緯は、彼の外交一元化への意思が、軍部の二重外交批判であるとともに、政党政治からも適度な距離をとることにあったことを窺わせる。しかし同内閣は短命であり、加藤は七カ月で外相を辞した。

こうして加藤は外政家としての道を選択したかのようであったが、思いがけず代議士になる。第七回総選挙で非政友派の支持によって選出されたのである。当時の選挙制度は立候補制ではなく、彼の当選は地元政友会有力者の怒りを買ったが、同じくこの時初当選した原は、加藤に代議士になるよう勧説した。代議士加藤は、桂太郎内閣と対峙し、伊藤と大隈の連携を模索する民党連合路線に尽力した。双方からの好意を活かしたのである。

ところが加藤は大きな挫折を味わう。解散後の第八回総選挙では当選を目指したが、候補者調整の失敗から落選した。加藤は日記に「非常な驚愕と失望」と書き記した。結局繰り上げ当選となったが、「加藤の落選当選」と揶揄された。さらに、加藤の民党連合路線も破綻した。伊藤が桂内閣との妥協に動いたからである。彼は以後再び出馬しなかった。その後の加藤は新聞経営にも乗り出した。新聞経営が子分二、三〇人を持つに匹敵するとの助言も受けていた。英国の『タイムズ』を目標に桂内閣批判を華やかに展開したが、経営的には失敗であった。

加藤は、次の第一次西園寺内閣で二度目の外相を務めた。ところが在職僅か二カ月で、鉄道国有法案に反対して外相を辞職することになる。原は「外務大臣の所管事項でもないから、職を賭して反対するにもあたるまい」と説得したが、加藤は「一国務大臣」として反対を貫いた。以後、政友会との関係は冷ややかなものになる。加藤は駐英大使として再び渡英する。イギリスはいつも加藤を温かく迎えてくれる。一九一一年、条約改正(新日英通商条約)と日英同盟改定の功績によって加藤は男爵となった。

政党と外交 ― 複数政党制の担い手として

陸奥、大隈に続く第三の出会いが、桂太郎との関係の劇的転換であった。加藤は、第三次桂内閣で三度目の外相に就き、以後政友会と訣別することになる。変節とも見える行動は政友会との関係破綻を受けての機会主義的行動であろうか。政治家の行動には複数の目的があろうが、ここでは桂の政治外交論が加藤のそれと近接していたことを指摘しておきたい。桂は日英同盟に利益を見出し、さらに、政友会との妥協に限界を感じた彼は、自ら新党を起こす野心を抱いていた。そこには憲法中止も視野に入れたかつての桂はいなかった。加藤は躊躇しつつもそこに新たな可能性を見出していく。

ところが日本に帰ってみると、第一次憲政擁護運動によって桂内閣は混乱の中にあった。加藤は英国に範を採り、諒闇中の政争中止を理由に政治休戦を目指した。西園寺は勅語が与えられながら政友会を抑えられず、桂内閣は総辞職、西園寺も違勅の責めを負った。加藤はこんなことなら帰ってこなければ良かったと後悔する。後継首相の山本権兵衛が加藤に外相留任を求めたが、辞意は固かった。

加藤は逡巡の末、立憲同志会に入った。彼は「政党なるものは政権争奪の機関ではない」と考えており、「政権のために軽挙妄動しないこと」を求めた。ところが桂の死で新党構想は動揺した。主要参加者が離脱する中、加藤は新たな指導者に目され、総裁となった。

その加藤にとって、元老が政友会膺懲のために野党に期待した第二次大隈内閣の成立は大きな機会であった。加藤は立憲同志会総裁のまま四度目の外相に就任した。そこに第一次世界大戦が勃発する。加藤は英国側の勝利を確信し、その参戦依頼を機に対独参戦を決めた。中国問題でも積年の懸案解決を目指した。二十一カ条要求である。第一号から第四号の要求に対して、希望を連ねた第五号を欧米列強に秘匿して行った外交交渉は、中国はもとより英米両国の強い不信を招いた。このことは後のシベリア出兵も相まって、大戦終結時に日本が「東洋のドイツ」と見なされる原因となった。同時に首相を選ぶ元老達から強く批判され、首相への道は遠のいた。加藤は閣内の選挙違反事件に連帯責任を唱えて辞職し、同時に貴族院議員に勅撰された。
二十一カ条要求の影響は大きかった。本来、日本にとって死活的であったのは南満州権益の期限延長であったところが辛亥革命、世界大戦の勃発で内容は拡大した。加藤は正直の外交を心掛けていたが、交渉の過程では混乱が見られ、国際問題化し、遂に最後通牒を必要とした。これによって日本は中国ナショナリズムの正面に立ち、以後ますます呻吟することになる。彼の外政家としてのキャリアは事実上閉ざされた。彼の立身、それは国家への献身と同義であったが、その道はもはや政党党首としてしか残されていなかった。

「苦節十年」からの再生

次の寺内正毅内閣は、衆議院の多数党である立憲同志会を「一党一派」と相手にしなかった。対中政策の刷新を目指した寺内が、前政権の与党を引き継ぐ訳には行かない。そこで臨時外交調査委員会の場で政党の協力を求めた。大隈内閣の与党三派は合同し、加藤を総裁とする憲政会を創設した。加藤は「国民の与論を代表する模範政党」を目指し、また外交一元化を理由に臨時外交調査委員会には入らなかった。こうして憲政会の「苦節十年」が始まる。

憲政会の不遇には大きく四つの要因があったといえるだろう。第一に、寺内のように多数党の意見が必ずしも国民を代表するとは見なされていなかった。第二に、首相選定のあり方の問題があった。元老という個人が、信頼できる個人を選んでおり、多数党の意義は限定的であった。そして第三に、加藤の外交指導者としての信頼は失われており、また第四に、寄合所帯であった憲政会内の統一性が懸念されていたのである。

その憲政会にとって、第一次世界大戦の終結と原内閣の成立は再び訪れた機会であった。憲政会は内に「デモクラシー」適合的な政治体制の確立を、外に「デモクラシー」諸国との協調を唱え、大戦後の世界に適応していった。なかでも「憲政の常道」を訴え、英国の立憲君主制をモデルに与野党間での政権交代を求めた。加藤は政権交代の意義を野党による与党の監視と代案の提起に求めており、原内閣に対して「反対党として尽くすべき義務は尽くしている」とその矜恃を語っている。「陛下の反対党」を目指し、かつ自任したのである。

加えて、党内少数派が熱心であった男子普通選挙制の要求に踏みこんでいく。加藤にとって、普選を支持することによって「完全なる民衆党」に徹して良いか、憂慮の末の決断であった。結果、元老の山県有朋はますます原に依存し、加藤はますます体制から疎外されることになった。しかし、捨てる神あれば拾う神ありというが、新聞記者を中心に世論の支持を集めていく。

このように原内閣の成立に機会を見た加藤であったが、政党内閣は続かなかった。この時期加藤は、「日本の元老制度が改まらぬ限り、憲政の常道は、遺憾ながら、我国に建設されさうにも思へぬ。自分が七年の犠牲的政党生活も、或は自分の生きて居る間には実を結ばぬかも知れない」と弱音を吐いた。

それでも再生の機会は訪れた。清浦内閣の成立を契機とする第二次憲政擁護運動である。政友会は清浦内閣への支持をめぐって分裂し、高橋是清率いる政友会、加藤率いる憲政会、犬養毅率いる革新倶楽部の護憲三派対清浦内閣に肯定的な政友本党という図式が成立した。憲政会幹部の安達謙蔵は、政友会の分裂に、選挙での勝利を確信した。第一五回総選挙の結果、憲政会は第一党となった。

他方、唯一の元老西園寺は強い危機感を抱いていた。清浦首相にはすぐに辞職せずに議会対策を行うよう求めた。西園寺は憲政会の外交を心配し、原の下で勝ち過ぎ、党内が混乱している政友会が、適正規模になって再び重責を担うことを期待していた。しかし、平田東助など宮中官僚はもはや人物や政策を論じている場合ではないと感じていた。清浦首相を説得することもできず、遂に西園寺は加藤を指名した。元老による首相選定では選ばれる筈の無かった加藤が首相に選ばれたことは、第二次護憲運動の最大の意義である。こうして、加藤は遂に首相になった。宮中ではこみ上げる感慨のためか、それとも武者震いか、煙草を持つ手が震えていたという。

首相としての加藤についても付言しておきたい。彼の行動は実に合理的であった。課題である男子普通選挙、貴族院改革、行政改革について連立を組む三派の協調を維持しつつ、政策をリードした。また外相には幣原喜重郎をすえ、彼に外交指導を委ねることで協調外交を後押しした。当初不本意であった西園寺は、加藤の穏健な議会運営と、何より幣原外交を高く評価し、以後、政党間での政権交代を促していくようになる。加藤の成功は単に憲政会の成功に止まらず、日本政治の新たな扉を開くことになったのである。

加藤はまた政治改革後の課題にも自覚的であった。加藤は男子普通選挙制を地方政治にまで広げることで「政治生活の基礎」を固め、今後は「経済的社会的生活」のための課題に取り組む意思を示していた。もとより政党政治定着への道はなお続いていたが、それは日常の課題と並行して実現されるべきことであった。これらの課題は彼の死によって後継者に残された。

最後に、加藤はなぜ政治的に再生することができ、最晩年になって立身と国家への献身を果たすことができたのかを考えてみたい。第一に、加藤の個性と経験を軽視することはできない。加藤は外交官時代から議会政治への関心を抱き続け、与野党間での政権交代を訴えつつ長い野党時代を支え続けた。しかし第二に、日本政治の全体的な変化が重要である。そこでは、憲政会はもとより、立憲政治を肯定し、政党の発展に尽力してきた伊藤、西園寺、原と続く政友会の功績は大きい。日本社会も立憲政治下で政党が役割を果たすことを支持していた。そして第三に、憲政会内でともに活動した党幹部と非総裁派の果たした役割を評価しておきたい。若槻礼次郎、江木翼、浜口雄幸、安達らはそれぞれの得意分野において、剛直で官僚的で党人にあまり相応しくなかった加藤を助けた。また党内少数派は、普通選挙への支持や大衆からの人気によって明日の多数を準備したのである。

加藤は、近代日本を代表する政治家の一人であるとともに、近代日本を象徴する政治家の一人である。外相として二十一カ条要求を行い、中国はもとより英米との関係を悪化させた。それは後の日中戦争から第二次世界大戦の歴史も相まって、現在まで大きな禍根となっている。確かに交渉当時者としての加藤の罪は大きかったが、日清・日露戦争以来の日本の大陸政策の一つの帰結でもあった。当時の最強硬派ではなく、外交による問題解決を目指した加藤外交が日本の対中国侵略の象徴と見なされることに、結果責任の厳しさを感じる。他方、加藤はまた立憲政治の発展に尽くした政治家であり、複数政党制の確立に顕著な功績があった。立憲制の導入と運用は近代日本のもう一つの軌跡であった。一方が他方を免責するものでもなければ他方が一方の価値を損なうものでもない。その生涯は近代日本の光と影の対照を強く体現しているのである。

立憲同志会、憲政会と政治活動を共にした片岡直温は、加藤の死を惜しみ、「一国の憲政史は、正に立憲的政治家の生きた伝記其のものに外ならぬ」と述べた。この言葉は、遂に反対党党首としての矜恃に自らを賭け、日本政治の新たな扉を開いた加藤の生涯に実に相応しい言葉ではないだろうか。

15

若槻礼次郎

若槻礼次郎
生没年：1866. 2. 5～1949. 11. 20
在任期間：(1) 1926. 1. 30～1927. 4. 20
(2) 1931. 4. 14～1931. 12. 13

若月　剛史

『平民宰相　若槻礼次郎』
著者　尼子止
発行所　モナス
発行年　一九二六年

若槻礼次郎は、戦前の政党内閣期に二度も首相を務めながら、これまでほとんどまともな研究対象とされてこなかった。その理由は種々考えられるが、その最たるものとして彼にはリーダーシップが欠如していると評価されてきたことが挙げられよう。実際、彼を首班とする二度の内閣は、金融恐慌や満州事変といった内外の危機の下で、枢密院や関東軍の「反発」を前にしてあっけなく崩壊している。しかも、総理大臣になった二回ともピンチヒッターであり、しかもその前任者（加藤高明、浜口雄幸）がいずれも強いリーダーシップをもって政党内閣時代を築いたとされているだけに、彼が注目されてこなかったことはある意味当然かもしれない。

二大政党時代において、総裁のリーダーシップがその党の消長に大きく作用することは言うまでもない。若槻はその源泉となる闘争心もカネも持ち合わせていない総裁であり、党員からすれば甚だ心許ない存在であった。

しかし、それにも関わらず、彼は二度も総裁に挙げられ首相の印綬を帯びている。しかも、首相退任後も一九三四年まで実に三年弱も立憲民政党の総裁を務めている。こうした一見矛盾する現象をどのように理解すればよいのだろうか。また、若槻に何が期待されていたのか。それらを探ることは、若槻のみならず、戦前日本の政党内閣制を考える上でも大きな意味を持つであろう。

こうした観点からすれば、本書は重要な手掛かりを私達に与えてくれる。本書のような伝記は、実のところ歴史研究においては軽視されがちである。若槻のように、回顧録（『古風庵回顧録』、のちに『明治・大正・昭和政界秘史』というタイトルで講談社学術文庫に収録）や、談話速記録（「男爵若槻礼次郎談話筆記」、ゆまに書房より『憲政史編纂会旧蔵政治談話速記録』第八巻として復刻）を残している場合、なおさらである。しかも、これらの内容は充実しており記述も概ね正確であるため、伝記である本書に積極的意義を見出す研究は皆無に等しいのが現状であった。

実際、本書は「成功物語」、「立志伝」として書かれており（「自序」）、その性格上脚色も多いため、史料として利用しにくいのは否めない。若槻自身も自分のあずかり知らない所で刊行が進められたと述べている（前掲「男爵若槻礼次郎談話筆記」）。しかし、同時代的な若槻イメージを探るのであれば、若槻の目から見た自伝や回想を読むよりも、本書のような生前に刊行された伝記類にあたるのが有効である。本書は一度目の首相就任直後に刊行されたが、その作成に首相秘書官の木村小左衛門や娘婿の田原和男、衆議院議員（憲政会所属）の山桝儀重らが関係しているように、新首相たる若槻の宣伝として書かれている。それゆえ、若槻周辺が彼をどのように売り出そうとしたのか読み取れるものとなっている。

本書の執筆方針は「緒論」で明確に述べられている。まず「力の信者」である原敬と対比して、若槻は「正義の景仰者」であるとされる。そして、政治家が政策を実行するためには議会に絶対多数を占めることが便利であるが、原はこれを忠実に実現して首相の座を勝ち得たとする。しかし、それは「大多数の国民とは没交渉であり、左様でないにしても、実生活と懸隔のあるもの」に過ぎない。それでも、国民が政治に無関心であるにも関わらず、政治家の「力」の側面を英雄視して理由もなく「贔屓」する傾向があった時代には、原の路線は合理的な選択であった。しかし、普選によって政治が「国民化」する過程においては、国民の「実生活」を基調とした「正義」の政治が求められていく。かくして若槻はその「エポック・メーキング」となるのである。このような観察が本当に的を射ていたかは俄かに判断しがたい。しかし、政党内閣期において「力」が必ずしもプラスイメージではなく、同様に「正義の景仰者」に徹することが戦略の一つとして政治の世界でも認識されていたことは確かである。

このように「正義の景仰者」たる若槻に注目する本書は、彼の具体的な「功績」よりは、むしろ人格形成の過程やそれに対する周囲の評価に重点を置いて描かれている。それゆえ、彼の幼少〜青年時代が重要となってくるが、それを明らかにするために、本書では出身地の島根県で聞き取り・史料調査が精力的に行われている。この点は、若槻自身も「私のちっとも知らないことがたくさん出ていて、かえって私が教えられるくらいであった」と記している程である（前掲『古風庵回顧録』）。その結果、貧乏士族の次男として生まれ、三歳で実母（クラ）を失い、家計を助けるために松江中学を二年で中退して小学校教員に転ずる、といった困苦の前半生についてかなり詳細に記述されている。若槻自身はこうした苦労をほとんど語っていない（語りたがらなかったのかもしれない）だけに、本書の記述は貴重である。

こうした苦労話の次に来るのが、彼の非凡な才能であるかと思いきや、話はそうは進まない。それどころか、中学入試での不調、陸軍士官学校や司法省法学校の官費入学に失敗と景気の悪い話が続いていく。そのいずれに対しても本書は一応の弁解をしているものの、彼を決して「原石」であったとはしない。むしろ、小学校時代の若槻を「将来大に発達する英才児であると注意せられるやうなこともなく、唯だ顔色の黒い、元気のい丶子であり（中略）多分に滑稽味のある少年に過ぎなかった」とするように、平凡な青少年であったことが強調されている。それでも若槻は一歩ずつ着実に前へ進んでいく。「堅実に歩むものが目的の地に到着し得ぬ道理はない」（二九ページ）。かくして彼は帝国大学法科大学仏蘭西法科を首席で卒業するのであった。

大学卒業後、彼は大蔵省に入省する。省内でも荒井賢太郎・水町袈裟六とともに「三秀才」として順調に官歴を登っていく。一九〇四年、前任者の目賀田種太郎の推薦で主税局長に抜擢され、一九〇六年の第一次西園寺内閣成立の際には阪谷芳郎大蔵大臣によって大蔵次官に登用される。その後、特別財務委員としてイギリス・フランスに派遣され、国債の低利借り換えや満鉄の社債募集などにあたった。一九〇八年成立の第二次桂内閣では、桂兼任蔵相の下で再度大蔵次官に任命され、事実上の蔵相として手腕をふるう。こうした中で若槻は西園寺や桂の信頼を得ていった。しかし、残念なことに本書は具体的な仕事内容には十分に触れていないので、財政家としての若槻の手腕は必ずしも明らかでない。この点は、前述の回顧録や談話速記、他の政治家の個人文書などを利用した研究が求められよう。

一九一二年、若槻は第三次桂内閣の大蔵大臣として入閣する。しかし、大正政変によって同内閣は三ヶ月弱で総辞職し、桂自身もその八ヶ月後に死去してしまう。桂の絶大な信頼を得ていた若槻にとって沈痛な出来事であったと思われるが、本書の記述は淡々としている。むしろ、彼の次なる庇護者となった加藤高明との新たな信頼関係の形成に重点を置いている。若槻は立憲同志会総裁となった加藤を総務として支えるが、本書ではこうした過程を通じて「両者の理想全く一致」したとあるように、加藤の後継者としての側面が強調されている。

一九一四年、若槻は第二次大隈内閣の大蔵大臣として再度入閣する。就任直後、第一次世界大戦の勃発によって日本は未曾有の経済変動を迎えるが、「財政家としての若槻」は懸案となっていた二箇師団増設や海軍拡張などの諸問題を解決していく。しかし、翌年八月、大浦事件によって加藤外相、八代海相とともに挂冠する。本書は、この時から「政治家として一歩を若槻氏が力強く踏出した」としている。

では、「政治家の若槻」はいつ衆目の認めるところとなったのか。本書は、それを一九二三年三月五日の貴族院本会議における陪審法反対演説を以てその画期とする。この演説は二時間四〇分にも及ぶ長いものであったが、本書ではその全文を実に四四ページも使って引用している。そして、この演説によって「財政家の若槻」のみならず「政治家の若槻」としても広く認知されるに至ったとする。こうした観察は、同時代的に議会に出入りしていた著者のものだけに、ある程度真実を衝いているだろう。かくして、若槻は「財政技師」から「政治家」に脱皮したのである。

一九二四年、第一次加藤高明内閣成立によって若槻は内務大臣に任じられる。この時代の白眉は何と言っても普通選挙法である。本書は、一六ページにわたって議会での法案説明を引いている。その後も、治安維持法、地方制度改正案の法案説明や地方長官会議での訓示が多くのページを使って引用されている。このように、本書の後半部分では演説が多数引用されているが、一方で第三次桂内閣での財政演説など精彩を欠いているとして引用が控えられているものもある。こうした取捨は目前にせまった普選を意識したものであると言えよう。近年、議会での審議を「見せる政治」、「見られる政治」として着目する研究が出されているが、そうした観点からしても本書は興味深いものである。

以上、若槻が首相となるまでの六〇年余を、本書が若槻の何に焦点をあてて執筆されたのか注目しながら見てきた。〝正義の景仰者〟、〝堅実〟、〝責任政治家〟、〝達弁家〟、これらの点が若槻に期待されていたのである。こうした期待は実際に二度の内閣を通じて応えられたのだろうか。それとも裏切られたのか。それは、本書の答えるところではなく、我々に課された問いである。

16

田中　義一

田中義一
生没年：1864．6．22～1929．9．29
在任期間：1927．4．20～1929．7．2

16 田中義一

若月　剛史

『田中義一伝』
著者　河谷従雄
発行所　田中義一伝編纂所
発行年　一九二九年

田中義一についてはこれまで多くの研究が蓄積されてきた。それは彼の多岐にわたるキャリアが種々の分野から関心を集めてきたからである。ここでは、まずそうした田中の経歴を通観してみよう。

田中は、一八六四年長州萩に生まれた。七六年、徴集されて萩の乱に参加し囚われの身となるが、幼年だったために釈放される。その後、小学校教師を務めながら石部誠中の漢学塾に通うが、その石部に勧められて長崎で判事をしていた笠原百里の下で書生となる。渡清を視野に入れてのことだった。田中が生涯を通じて持ち続けてきた中国への関心は、この時からのものであった。結局、清国への夢はかなわなかったが、笠原の下で資治通鑑など漢籍を読み漁ったことが彼の人格形成に大きな影響を与えることになる。

こうした中で軍人志望を強めていった田中は、八三年に士官学校に入学、八六年に卒業し、九二年にはエリート将校の養成機関である陸軍大学校を卒業する。日清戦争に出征後、日本との関係が険悪化するロシアに四年近く留学し、同国軍隊の調査研究を行った。その調査内容は、日露開戦に大きな影響を与えたと言う。日露戦争では大本営参謀・満州軍参謀として活躍し、戦後山県有朋の下で帝国国防方針の草案を作成した。以後、山県―桂太郎―寺内正毅の陸軍長州閥の庇護の下で順調に出世していく。九九年からの軍事課長時代には帝国在郷軍人会の組織、軍隊内務書や各種操典の改正などを行っている。その後、第二旅団長を経て一九一一年に軍務局長に任じられる。同局長時代には、二箇師団増設案を立案し、それを強行しようとして第二次西園寺内閣を総辞職に追い込んだ。一五年には参謀次長に就任し、シベリア出兵を指導した。

一八年成立の原敬内閣に陸軍大臣として入閣し、シベリア撤兵など原首相の協調外交に協力的な姿勢を示す。第二次山本内閣の陸相を経た後、政友会に急接近し、二五年四月には同総裁に迎え入れられ政治の世界に身を転じた。そして、二七年四月、第一次若槻内閣に代わって自らの内閣を組織する。首相在任中も金融恐慌の沈静、東方会議、山東出兵、不戦条約調印、各種審議会の設置など内政・外交ともに力を入れたが、二九年の張作霖爆殺事件（「満州某重大事件」）の処理をめぐって退陣に追い込まれた。そして、その三ヵ月後に狭心症の発作で急死する。六五歳だった。

こうした多彩な一生をたどる伝記として最も著名なのが、田中義一伝記刊行会編『田中義一伝記』上・下巻（他に附録写真帳がある。のちに上・下巻が原書房から復刻）である。同伝記は、一九三〇年三月に編纂会が組織され、松岡洋右を事務総長、高村孝助（田中家執事）を編纂主任として編纂が始められたが、太平洋戦争のために一時中断し、五六年に高倉徹一編纂主任の下で再開され、完成したものである。この伝記が優れているのは、その編纂過程で収集した膨大な文書（のちに山口県文書館に寄託され「田中義一文書」として公開）を利用しており、その引用も多数行われている点である。記述も、田中の経歴に沿って政治・外交・軍事と偏りないものであり、現在まで田中研究の基本的文献としての地位を獲得してきている。

　これに対して、本書が研究に利用されることはほとんどなかった。それは入手しにくいという事情もあるが、史料の制約上、多くの書かれるべきことが記されていないからである。本書が編纂されるきっかけとなったのが、「篤志者」によって二八年一二月に設けられた田中義一伝編纂所である。編纂所については不明であるが、そこから河谷従雄に編纂が嘱託された結果、本書は一年弱の月日をかけて執筆されている。河谷は、若き日の田中が過ごした山口県萩町や長崎市に史料収集に出かけ、松木直亮・河内信彦両陸軍中将や三辺長治岡山県知事らの協力も仰いでいる。また、『田中義一伝記』の編纂主任だった高村孝助も援助している（ただし田中自身がどの程度関係していたかは不明である）。しかし、せっかく集めた史料も、関係者のみならず田中本人も生存している間は、憚られて十分に利用できなかったようである。その一例として、序文では「某将軍」から提供された日露戦争の関係史料は「田中男の存命中に之を伝記に書く事は、遠慮してほしい」と注意されて本文から削除したことが挙げられている（本書の刊行は田中死後であるが、編纂作業は彼の生存中に終わっていた）。

　こうして多大な制約の下に本書は書かれたために内容の精粗は極めて大きい。日清・日露戦争や帝国国防方針、シベリア出兵に関しては記述がほとんどない。二箇師団増設問題や陸軍大臣時代の記述も薄い。それゆえ、日本陸軍の大陸政策を研究する上では利用しにくい伝記である。一方、在郷軍人会や青年団に関する記述は多く、あわせて全体の五分の一を占める。その大半は田中の演説の引用であるが、分量は『田中義一伝記』よりもはるかに多い。このうち、在郷軍人会に関する演説は一八九九年から一九二四年まで収録されており、通読すれば田中の現状認識や危機感の変化を追うことができる。特に、田中にとってロシア革命と関東大震災の衝撃が大きかったのがわかる。また、青年団についても、一九一五年の演説が引用されており、田中が前年の欧米諸国の視察で各国の青年団をどのように見てきたか読み取れる。

所々に盛り込まれた田中と山県や桂、寺内とのエピソードも見逃すことができない。例えば、山県未亡人の貞子が「公爵は誰れよりも田中さんが一番好きでして、田中々々と云つて居られましたが、何時見えてもガミガミ叱言ばかりです（中略）時には二人で議論して双方共譲らす、喧嘩ではないかと思はれた事もあります」（四〇三ページ）と述べているが、ここから田中と山県の信頼関係がどのようなものだったか窺える。また、田中が大隈重信を麻布第三連隊に招いたのに対して寺内は好感を持たなかったが、桂は「御苦労々々々」と賛嘆したというエピソード（二七一ページ）も、その後の両者の（そして、田中の）政治人生を考える上で示唆的である。こうした田中をめぐる人間関係を、実感をもって読者に伝えてくれるのも本伝記の魅力である。

さて、本書の約半分が田中内閣時代の記述に割かれている。ここでも田中の演説は多く引用されており、いわゆる「対支外交」と「産業立国」の内容を見ることができる。初学者はこうした演説から研究のヒントを得ることができよう。もちろん、網羅的に彼の演説が引かれている訳ではないので、実証研究のためには『政友』（政友会機関誌）や議会・審議会の議事速記録などに立ちかえって確認する必要がある。

また、著者の叙述から同時代的な認識を読み取ることも可能である。例えば、田中内閣蔵相の高橋是清について「財政方面の手腕は必ずしも優秀なるものと認め難いが、併し経済方面の手腕と見識は、群小の経済家を嶄然として抽て、恐らく現在の第一人者と言ふてよからう」（五三八ページ）としているが、金融恐慌を沈静化させた一九二九年段階においても高橋の財政家としての評価は依然として低かったことがわかる。

同様に、一九二八年の総選挙で政友会は過半数を獲得することができなかったが、その要因として田中はじめ各閣僚とも責任ある地位にあって十分な選挙活動ができなかった点を挙げているのも興味深い（六六〇ページ）。

その適否はさておき、第一回目の普選直後においては、幹部の遊説という点から与党が選挙に不利だとする見方も十分に成立しうるものだったのである。こうした本伝記の記述から田中内閣期の雰囲気を摑むことは、田中研究においても重要なことであろう。

このように本書には示唆を与える記述が少くないが、田中の全体像を捉えるためには、前述の『田中義一伝記』をはじめとする他の文献もあわせて参照する必要がある。そこで、最後に他の関係文献についても若干触れておきたい。生前に刊行された伝記としては、矢野滄浪『田中義一論』（時事通信社、一九二七年）、保利史華（茂）『田中義一―宰相となるまで』（第一出版社、一九二八年）などがある。当時のジャーナリストがどのように田中を見ていたのか知るには好都合の史料である。他に追想録として『没後五十年　田中義一追憶集』（田中義一顕彰会、一九七八年）があり、岸信介、船田中と子息の田中龍夫が追想を寄せている。田中の史料状況については、伊藤隆・季武嘉也編『近現代日本人物史料情報辞典2』（吉川弘文館、二〇〇五年）の田中義一の項を参照されたい。田中に関する研究は枚挙に遑がなく優れたものも少くないが、ここでは彼の一生を追ったものとして纐纈厚『近代日本の政軍関係―軍人政治家田中義一の軌跡―』（大学教育社、一九八七年）を挙げておきたい。

17

浜口　雄幸

浜口雄幸
生没年：1870. 4. 1～1931. 8. 26
在任期間：1929. 7. 2～1931. 4. 14

今津　敏晃

『平民宰相　浜口雄幸』

著者　尼子止
発行所　宝文館
発行年　一九三〇年

寡黙。努力家。誠実。昭和の宰相浜口雄幸のこうした性格への評価はどの伝記であってもおおよそ変わりがない。そしてこれらの性格が有能な官僚、財政家、政党政治家としての浜口を作り上げたという点についても評価が分れることはほぼない。それだけ浜口の性格は万人が万人とも認めうるものだったのであろう。また、浜口自身もそれには自覚的であり、講演などでも自身の自己形成の要諦として述べている。こうした視点に立って浜口の生涯を概略すれば次のようになる。

政治家になるまで

浜口雄幸は一八七〇（明治三）年高知県長岡郡五台山村唐谷の水口家の三男に生まれた。幼少期から既に読書家であったが、自由民権運動の盛んだった土佐にあっても中学時代は政治運動よりも学問を優先させるという信念から、浜口は勉強に打ち込んだ。高知中学を優秀な成績で卒業し、一八八八（明治二一）年に第三高等学校へ入学した。なお、このころには既に「ライオン」とあだ名されていたという。東京帝大時代も相変わらず浜口は黙々と勉強に励んだ。一八九五年に帝国大学法科大学政治学科を卒業するが、卒業論文の題目は「英国国会の起源」といわれる。なお、浜口の帝大の同期は優秀な人材を政財官界に多く輩出した明治二八年組であり、後に浜口を支えることになる下岡忠治や幣原喜重郎、伊沢多喜男らもその中に含まれている。

帝大卒業後に大蔵省へ入省した浜口は上司との対立から、約五年ほどの地方勤務を余儀なくされる。しかし、浜口は寡黙に努力を続けたという。浜口が大蔵省本省に戻るのは一九〇四年に煙草専売局事務官のポストを得て後のことである。ただ、この専売局時代の働きが後藤新平の目にとまり、後藤から最初は満鉄理事（これは浜口が断った）、次には後藤の下での逓信次官を依頼される（第三次桂内閣の時）。そして、後藤の誘いに応じて浜口は立憲同志会に入党。政治家としての一歩を踏み出す。

政党政治家として

立憲同志会創立時の内紛から後藤が脱党したため、党内で後ろ盾を失った浜口に注目したのは同志会総理の加藤高明であった。浜口を午餐に招いて試験を兼ねて種々の質問をし、加藤高明は浜口を信頼できる人物と考えるようになった。浜口はその後党内の有力者とも関係を深めたが、この時に築いた人脈は浜口の重要な政治資産となった。

さて、第二次大隈内閣で大蔵次官に起用された浜口は一九一五（大正四）年七月の総選挙で高知市から立候補し、初当選を果たす。この浜口の当選には土佐から首相を出したいという森下高茂ら在土佐の政治家の活動が大きくものをいったという。

続く一九一七年の総選挙では選挙干渉の影響もあり、落選する。ただ、浜口は意気阻喪することなく、努力を重ねた。たとえば、議席を持たなかった時代にも議会開会中は議会に毎日出入りし、苦手の演説もこのころの地方遊説を通して急速に進歩したという。そこには大蔵官僚時代の地方在勤時と同様の黙々と努力を重ねる浜口の姿が見える。また、党内の政策立案で中心的役割を果たし、財政家として知られるようにもなった。

民政党総裁

憲政会が「苦節十年」を経て内閣に戻ってきたのは一九二四年六月に成立した護憲三派内閣であった。このとき浜口は大蔵大臣に就任し、野党時代からの宿願であった税制整理と財政健全化に取り組んだ。次の若槻内閣でも蔵相に留任、さらに内閣改造に伴い内相にも就任するなど要職を歴任する。

金融恐慌を巡って若槻内閣が下野した後の一九二七（昭和二）年六月、憲政会と「新政倶楽部」（政友本党が改称した政党）は合同し、立憲民政党が設立された。浜口はその初代総裁となった。民政党は浜口総裁の下、一九二八年の初の男子普通選挙に臨んだ。結果は　総議席数四六六議席に対して政友会二一八議席、民政党二一六議席、中立、無産政党などが合計三〇議席だった。与党政友会は過半数に及ばず、しかも、総得票では民政党が政友会を上回っていた。選挙後の第五五議会では政府・野党間の激しい攻防が繰り広げられる。政府による切り崩し工作を浜口のもとで一致団結して乗り切る中、民政党の結束は高まっていく。

浜口内閣

その後、田中内閣が張作霖爆殺事件の処理をきっかけに一九二九年七月に総辞職すると浜口が後継内閣を組織した。組閣当日の浜口は、働き盛りを苦節の内に過ごし、自らの所信を政治に反映する時間を十分に与えられなかった加藤高明のことを思い出し感慨無量の面持ちだったという（北田悌子『父浜口雄幸』（日比谷書房ほか）五頁）。

さて、浜口内閣の政策の柱はロンドン海軍軍縮条約の締結と金輸出解禁であった。いずれも、当時日本を襲っていた「経済国難」の解決に不可欠の政策と考えられていた。財政家浜口の率いる内閣の力量を問われる難問であった。蔵相に就任した井上は浜口の期待に応え緊縮予算を編成、産業合理化政策を進め、一九三〇年一月一一日に金解禁を実施した。金解禁実現への評価は高く、一九三〇年二月二〇日に行われた総選挙では民政党が大勝している［民政党二七三、政友会一七四］。だが、一九二九年一〇月のニューヨーク株式市場での株価暴落に端を発する世界大恐慌により世界経済は不況に陥っていた。金解禁による不況に加え、世界恐慌の影響もこうむった日本経済は深刻な打撃を受けることになった。浜口内閣の経済政策への信頼も一転してしまう。

そこに、追い打ちをかけるかのように起きたのが統帥権干犯問題であった。一九三〇年一月のロンドン軍縮会議では海相財部彪と海軍次官山梨勝之進らの協力もあって条約締結は成功した。しかし、海軍軍令部の反対を押し切っての調印と批判され、これが日本国内で政治問題化した。統帥権干犯問題である。その後、軍令部だけでなく、政友会、枢密院さらには右翼も政府を攻撃した。しかし、浜口は引くことなく、最後には枢密院での条約批准に成功する。浜口の所信貫徹の意志が大きくものをいった。だが、浜口は統帥権干犯に憤った佐郷屋留男に東京駅で狙撃され、重傷を負う。浜口が議会に出席できないことを政友会は議会軽視の姿勢と糾弾した。抗しきれなくなった内閣および民政党は浜口の登院を決定する。だが、登院により傷が悪化し、それがもとで浜口は一九三一年八月二六日にこの世を去った。

努力主義、信念を貫こうとする浜口の姿勢は最後の最後には裏目に出てしまったといえよう。政策への自信は金本位制の維持となり、日本を不況にさらし続けることになり、妥協を知らぬ強行突破は統帥権干犯問題を惹起した。そして議会政治への信念は傷が癒えぬうちの登院へとつながり、自らの命を縮めてしまうことになったのであった。

伝記の読み比べ

さて、いまみてきたように冒頭に掲げたような性格、信条を軸に浜口の人生を描くことが可能であり、それが浜口の伝記の一つのスタイルとなっている。

ところが、その浜口の性格を形作ったものは何かという点になると必ずしも伝記の記述は一致をみない。その原因は浜口自身があまり語らなかったためと思われる。たとえば、努力主義については彼自身の手になる「随感録」に、幼少期における自身の短所への自覚とその矯正への努力が端緒であったと述べられているが、その努力は「親兄弟にも知れぬ様に、殆ど血の出る如き大努力をなして自分自身に之〔性格上の欠点〕が矯正に努めた」とも述べている（浜口雄幸「随感録」〈池井優ほか編『浜口雄幸　日記・随感録』〈みすず書房〉四六九頁〉、〔　〕内筆者）。

それだけにというべきか、浜口の人格形成への言及はそれぞれの伝記の性格をよく表している。たとえば、浜口の娘として家族の視点からの浜口のエピソードを伝える北田悌子『父浜口雄幸』では実の祖父母の人格、教育の影響が述べられる。また、尼子止『平民宰相浜口雄幸』（宝文館）は著者が浜口の生家まで訪ねるなど、土佐で聞き取りをしたこともあり、土佐の風土が浜口を形成したことが強調され、土佐にまつわるさまざまなエピソードを、中には真偽不分明のものも含め、収録しているのが特徴となっている。そして、「出来得る限りの完きを期」する関根実『浜口雄幸伝』（浜口雄幸伝記刊行会）となると諸論併記となるし、浜口の成したことに重きを置く伝記であれば、そうした背景に触れることもない。

こうした差違はおそらく伝記の端々にも現れるだろうし、それらを比べることが伝記を読むときの楽しみの一つといえる。尼子による伝記がそうした読み比べのための一助となることを願う。

18

犬養 毅

犬養毅
生没年：1855. 4. 20～1932. 5. 15
在任期間：1931. 12. 13～1932. 5. 16

18　犬養　毅

佐藤 健太郎

『犬養毅伝』

著者　鵜崎熊吉

発行所　誠文堂

発行年　一九三二年

昭和七年五月一五日、海軍の青年将校を中心とする一団が首相官邸に押し入り、白昼堂々と首相を射殺するという挙に出る。首相の名は犬養毅。この五・一五事件が、政党内閣の終焉をもたらした事実はあまりに有名である。殊に犬養の最後を象徴する「話せば分かる」「問答無用」のフレーズは当時の流行語ともなり、時代を象徴する言葉として今日でも記憶されており、犬養の名もこの文脈の中で語られることが多い。だが犬養の生涯はそのフレーズで片付けられるものではない。また犬養には「憲政の神様」という尊称もあるが、犬養の輝ける瞬間を捉えたその一語だけで語り尽くせる生涯でないことも明らかである。本書は多様な経歴を経た犬養の全体像を明らかにするものであるが、その政治生活が明治一五年の改進党設立時以来五〇年以上に及んでいることもあり、憲政史を理解するための基礎文献ともなっている。

本書の執筆者である鵜崎熊吉（鷺城）（一八七三〜一九三四）は、『東京日日』『大阪毎日』などの記者を歴任し、『日本及日本人』などの雑誌で評論家として活躍した人物であり、人物評論の著作も多い。犬養とは明治末の憲政本党内紛時代、そして国民党時代と行動を共にした縁もあった。鵜崎に執筆を持ちかけ、犬養にも協力を要請したのは鈴木梅四郎(国民党時代に幹事長を務めた)である。

鵜崎は、犬養暗殺直前の『木堂雑誌』(九巻四号、昭和七年)において、「稿本は先づ鈴木氏の校閲を経て更に犬養先生の閲讀を乞ふことにしたから、少くも事實の點に於ては正確を誇り得ると思ふ」と記している。五・一五事件について書き足した部分を除けば、すべての部分が犬養の了解の下に記されているのであり、それゆえに本書は正伝として評価されるべきものである。以下の部分では、内容多岐に渡る本書を簡潔に整理し、概観することとする。

「逆境」、「孤軍奮闘」、そして「正々堂々」— 鵜崎の犬養評であるが、犬養の人生にはこれらの形容が実によく似合う。特に「逆境」は犬養自ら好んで使用した言葉であった。

まず読者の便のため、簡単な略歴を記そう。犬養は安政二（一八五五）年、岡山藩士の家に生まれる。慶應義塾在学時代には『郵便報知新聞』の記者として西南戦争を取材、文名を馳せる。明治一五年結成の立憲改進党に加わり、第一回総選挙以来連続当選を重ねる。明治四三年には立憲国民党を創設し、大正二年の憲政擁護運動を経て「憲政の神様」と称される。つづく革新倶楽部でも事実上の党首を務め、大正一三年にはいわゆる護憲三派内閣(第一次加藤高明内閣)に参加(逓相)、大正一四年には政友会に合流し、昭和四年には政友会総裁、昭和六年ついに組閣の大命を受けることになる。

三度大臣になっていることなども合わせて考えれば、一見順調そうな経歴であるが、内実は苦難の連続であった。

まず、金が無かった。生家は貧しく、苦学を強いられた。西南戦争取材に赴いたのも、『郵便報知新聞』から学資援助の約束があったためだが、その約束が破られたのを一つの契機として、慶應義塾も中退してしまう。政治家になってからも「金箔附の貧乏人」であり、例えば総裁を務めた国民党は、遊説の費用すら捻出できない有様であったという。

そして、「孤軍奮闘」を強いられることが多かった。犬養が率いた国民党、革新倶楽部は常に第三党の地位にあった。憲政擁護運動によって桂内閣を退陣に追い込んだのはいいが、逆に桂新党(立憲同志会)に党員を奪われるなど、有力議員の脱党も日常的であった(なお、こういった経緯があったため、同志会(その後は憲政会)を仇敵とみなすことになる)。多数党にある時も、排撃の対象となることが多かった。改進党時代には、自由党色の強い大同団結運動に参加したため、党内からの批判を浴びたし、憲政本党時代には、政権への接近を焦る改革派の攻撃目標となり、除名の危機を迎えることもあった。

さらには、政治家に必要な「運」もなかった。第一次大隈内閣(隈板内閣)で、辞任した尾崎文相を引き継いだのが最初の入閣であるが、これに対する旧自由党側の反発により内閣は瓦解し、わずか数日の大臣で終わってしまう。次の入閣は第二次山本内閣の時(逓相)であるが、これも虎の門事件により四ヶ月ほどで総辞職となっている。

もっとも、犬養がこういった「逆境」の政治生活を送ることになったのは、単に運だけではなく、良くも悪くも犬養の個性に負う所が大きい。三浦梧楼は「大隈の大風呂敷、犬養の毒舌、大石の弱腰」が進歩党の三病根だと評したというが、自分の信念を曲げることを知らない犬養の性格、政策本位を主義とし、策はあるがややしたたかさに欠ける性格などがその原因であるといえよう。

だが、「貧乏」さゆえの清廉潔白さ、言論人としての資質と「毒舌」から来る舌鋒鋭い演説、政策本位の姿勢は、犬養を存在感ある政治家としてあらしめていた。特に「憲政の神様」と呼称されるようになってからはなおさらそうであった。本書中で述べられている事実の中では、第二次山本内閣への入閣の際、普選断行が目的の内閣であるから「閑散の地位」を望むとして逓信大臣になったことなどが犬養の面目躍如といったところだろうか。

しかしまた、犬養がそういった政治家として意識されるようになったことで、その出処進退が常に毀誉褒貶の的となったこともまた事実である。例えば、寺内内閣では、中国との関係改善を図るため臨時外交調査会に参加するが、さきに寺内内閣への不信任案を提出していたことで批判を受け、殊に「犬養贔屓」筋からは、「閥族官僚」の一味になったとして批判を受けた。この時期の犬養は、政治家の目標として当然ともいうべき、政権への接近による主張の実行を図ったのであるが、「理想的な政治家」としての犬養像が形成されていたがゆえの事態であったといえよう。

最後に、首相としての犬養について述べたい。半分政界を引退しつつあった犬養が政友会総裁に就くことになったのは、政友会内の派閥対立及び政友会の腐敗が批判の的となっていたためであり、いわば「青天の霹靂」の感があった。旧革新倶楽部出身者はもともと少数であったが、組閣の際にも彼ら犬養直系は入閣することがなく、また金の用意ができない総裁では党内基盤の醸成に限界があったのも事実であった。特に満州国承認問題に関しては、犬養は消極的な抵抗を続け、裏面では萱野工作と呼ばれる和平工作に取り組むが、それが最終的に失敗に終わったのも必然であった(この点は後述の時任英人氏の著作を参照のこと)。また、既成政党への不信感も拭い去ることができなかった。仮に五・一五事件がなかったとしても、やはりそれらを克服することはできなかったと思われる。これを鵜崎は「長いこと順境の法悦に浸り、悪い風習に染んでゐた政黨である。全黨員の頭をオイソレと犬養化させることは世間が期待したところであつても、實際に於て不可能であつた」とまとめている。

【他の伝記・参考文献】

最初の本格的な伝記としては、内海信之『高人犬養木堂』（文正堂、一九二四年）を挙げることができるが、記述は大正中期までに限定されている。

また犬養は、この内海の伝記を評価しつつも修正の要を感じ、多くの箇所を個人的に訂正していたが、その訂正版のいくつかは鷲尾義直編『犬養木堂伝（上）（中）（下）』（東洋経済新報社、一九三八年、のち原書房より一九六八年に復刻）に収められている。鷲尾編の伝記は、上・中巻を犬養の正伝と位置づけ、各種の資料を精査して取り上げている。尾崎行雄、後藤新平、加藤高明といった政治家の伝記、そして鵜崎の『犬養毅伝』もしばしば引用されており、犬養の側近だった古島一雄の談話も多数収録するなど、充実したものになっている。また、「東亜」関連の叙述も多い。下巻には犬養の逸話や、諸家の犬養評をまとめたものが収められている。一定の政治史的知識が必要となる、歯応えのある伝記である。

そのほかには、鵜崎が本書執筆時に参考にしたという（前掲の『木堂雑誌』参照のこと）、東京木堂会編『犬養木堂』（大野萬歳館、一九三〇年）がある。また、『犬養毅伝』（犬養毅伝刊行会、一九三二年）は、特に昭和期の叙述が充実している。

犬養自身の著書は、伊藤博文が賞賛したという『政海之燈台』（集成社書店、一八八七年）はじめ多数存在する。犬養の発言や記事を集成したものとしては、東京木堂会編『犬養木堂』（大野萬歳館、一九三〇年）などがある。

伝記的な研究書としては、時任英人『明治期の犬養毅』（芙蓉書房、一九九六年）、『犬養毅―リベラリズムとナショナリズムの相克』（論創社、一九九一年）が新しくかつ欠かせないものである。前者は一般にはあまり知られていない明治期の犬養を扱う。活用できる資料が少ないため、「公認」の伝記である鵜崎本を中心に論じるが、犬養が関わりすぎた「公認」性ゆえに、犬養の政治行動の動機については他の資料との照合を行った上で論じている。後者は、「憲政の神様犬養毅」では語りきれぬ「複雑」な犬養像を、ナショナリズムとの相克という観点から論じたものである。戦後になり明らかとなった萱野工作についても詳しく論じている。

最後に付言しておくと、鵜崎の伝記は正伝としての格調を備えながらも、アジア主義者としての犬養像については必要最小限の記述にとどまっている印象があるため、本書で孫文らとの関わりを把握したあと、鷲尾編の伝記や時任の研究書で補う必要があろう。

19

斎藤 実

斎藤実
生没年：1858. 10. 27～1936. 2. 26
在任期間：1932. 5. 26～1934. 7. 8

19　斎藤　実

牧原　出

『巨人斎藤実』
著者　村上貞一
発行所　新潮社
発行年　一九三七年

斎藤実は、安政五（一八五八）年に陸奥水沢で生まれた。海軍軍人として斎藤は海相を八年間、退役後朝鮮総督をあわせて十年間つとめ、五・一五事件の後、首相に就任して「挙国一致内閣」を組織した。内閣は、軍部の革新要求を可能な限りおさえて「現状維持」につとめたが、右翼勢力の攻撃にあい、帝人事件の逮捕者が閣僚から出るに及んで責任を負って総辞職した。宮中からの信任の厚い斎藤は、昭和一〇年に内大臣に就任するが、二・二六事件で陸軍兵士により殺害され、生涯を閉じた。

斎藤についての代表的な評伝の内、本叢書に収録された『巨人斎藤実』は昭和一二年という最も早い時期に出版されている。ついで、斎藤についての正伝『子爵斎藤実伝』（斎藤子爵記念会、全四巻）が昭和一六〜一七年にかけて公刊された。そして、戦後の昭和三三年には、記者の目から見た評伝としての『斎藤実』（有竹修二著、時事通信社）が刊行されている。これらを見比べると、斎藤とその周辺人物の記録が次第に蓄積されるにつれ、斎藤への評価が順次肯定的なものに変化してきたことがうかがえる。

まず『巨人斎藤実』の著者村上貞一は、自称「軍政上の研究者」(同『偉人権兵衛』、実業之日本社、一九三五年、二九四頁)として、海軍関係の著作を多数手がけ、また海軍軍人の求めに応じて著作を代筆しており、いわば海軍関係の非公式の記録作成者とでもいうべき人物であった。村上は、海軍軍人の評伝として、まず日本海軍の建設者であり海軍への影響力を長く発揮した山本権兵衛の伝記『偉人権兵衛』を執筆し、ついでそれと対になるように、『巨人斎藤実』を書き上げている。そのため、本書は、海軍軍人としての斎藤論、さらには山本と比較した斎藤論としての性格が濃厚である。だが、多弁・豪放・俊敏で薩摩閥の指導者であった山本と比べると、寡黙・温厚・慎重で東北出身の斎藤とは対極である。たとえば、本書は、山本と比較する文脈で、「二十年来接触してゐましたが、斎藤さんだけは奥が深くて、どんな人か全くわかりませんでした」という主治医の談話を引用しているが(三一九頁)、おそらくは斎藤の履歴をたどった村上の率直な感想も同様であろう。本書が斎藤を「凡にして非凡」、「偉大なる凡人」と形容せざるをえなかったのは、多かれ少なかれそのためである(一頁)。

この「凡人」という言葉は斎藤自身の言葉である。自らへのアンダーステイトメントに終始した斎藤を語る場合、本人の言葉だけでは評価しつくせない。だからこそ周囲の人物の言葉を借りて間接描写を試みたのが『巨人斎藤実』である。同様に、『子爵斎藤実伝』も、斎藤の日誌形式の日記を採録する叙述をとりながらも、関係者の談話の収集に力点を置いている。さらに注目すべきは、斎藤には、朝鮮総督府関係者による追悼書(中村健太郎編『斎藤子爵を偲ぶ』朝鮮仏教社、一九三七年)、岩手県人による二つの追悼書(斎藤実元子爵銅像復元会編『斎藤実追想録』一九六三年、斎藤実記念館建設実行委員会『斎藤実夫妻を偲ぶ』、一九七五年)など、逸話集としての追悼録が多いことである。これらは一面で、私人としての斎藤の姿を伝えるものではあるが、他面で公人としての斎藤の行動を確定するために、談話以外に材料がなかったことにもよっている。

ところが、戦前の斎藤伝と比べて、戦後に出版された『斎藤実』は、著者の取材の中から知り得た斎藤についての談話、正伝に抄録された日記に加えて、原田熊雄、岡田啓介、小林躋造らの回顧録など戦後次第に公開された関係者の記録を用いている。そもそも、戦前の時点で斎藤を評する場合には、同じ岩手出身の原敬、後藤新平と比較するか、海軍出身首相として山本権兵衛、加藤友三郎と比較することとなる。他の四人が才気煥発の政略家であったのに対して、自らについて多くを語らない斎藤はもっとも無個性の人物に映る――これが『巨人斎藤実』から浮かび上がる斎藤像である。だが、戦後になると、岡田啓介、米内光政、鈴木貫太郎という斎藤以後の海軍出身首相との比較にも目配りされる。関係者の記録が明らかになるにつれ、このグループの中で最年長の斎藤は、むしろ重厚・慎重・適確なリーダーとして、西園寺公望や牧野伸顕など天皇側近から高く評価されていた事実が浮かび上がる。こうして時代とともに、斎藤像が輝き始めるのである。

確かに『巨人斎藤実』が示す斎藤は、若年においてすでに異彩を放っていた「注意深さ」（二九頁）と軍政における「抜群の事務的手腕」の持ち主であるが（七一頁）、「できるだけ関係方面との不必要な摩擦を避け、円満な政治の運用を期する大勢順応主義」をとりつづけたという人物でもある（二二六頁）。首相時代の斎藤も、「表に出たときは、黙々としてあまり弁を弄さない。議会の答弁もそれほど明快に所信を表現しない。新聞記者の会見でも、ほとんど積極的な発言をしない……（中略）……だから斎藤首相談といって新聞にしばしば談話が載ったが、その多くは、半分以上新聞記者自身の作文であった」という状態であり、「ものたらない感じ」を与えていたという（有竹修二『斎藤実』二四六～二四七頁）。強烈な自己主張をしない政治家をどう評価するか、が斎藤実を論ずる場合の根本的な問いなのである。

『巨人斎藤実』は、海軍時代の逸話と私生活の挿話を重ねることで、こうした斎藤像を部分的に修正しようとしたものである。しかし、朝鮮総督・首相時代については、個々の案件に対してどう関係各方面を目配りし、交渉を経た上で決定を下したか、丁寧に事実関係を発掘する必要がある。『巨人斎藤実』では、朝鮮総督時代の「大勢順応主義」について、「環境に役せられず、環境に順応して随所主となる趣があった」と評し（一八四頁）、斎藤のイニシアティヴが見られたことに間接的に言及しているが、執筆時期からして史料的に充分とは言えない。よって、以下では、後に公刊された史料で補いつつ、斎藤の姿をたどることにしたい。

斎藤は海軍では異例であるが、大佐のまま次官に就任し、明治三九年から大正三年まで、八年にわたって海軍大臣をつとめている。桂園時代から大正政変によって民主化が進行しはじめる時期、海軍は山本権兵衛をいただく薩派の影響下にあった。斎藤海相を支える海軍次官は山本の娘婿財部彪であり、山本を始め各省・議会・陸海軍の薩派とたえず連絡を取りつつ、海軍拡張に心血を注いでいた。内閣と海軍が衝突し、第二次桂太郎内閣から第二次西園寺内閣へ交替したときに、山本権兵衛擁立を推進する財部次官は、あっさりと斎藤が海相留任を引きうけたのを聞いて愕然とする。斎藤は財部にこう述べた――「桂サンハ夫迄ニモ非ルベキモ、其幕僚辺ノトコロニハ数多ノ策士アリ、非常ナル事ヲ為シ居ルヲ以テ、予ノ如キ何モ分ラザルモノガ宜シ、要領ヲ得ル人ニテハ中々務マラズ。其内極端迄行詰マル事必ズ差起ルベキニ付、其時宜ク大将ヲ煩ハサヾルベカラズ」（財部彪『財部彪日記　上』山川出版社、一九八三年、明治四四年八月二九日の項）。斎藤の大臣秘書官であった野村吉三郎によれば、「議会の答弁でも十のところは七か八に止めて、相手を巧みに懐柔する」と評している（木場浩介編『野村吉三郎』、野村吉三郎伝記刊行会、一九六一年、一五三頁。『巨人斎藤実』三〇七頁に同旨の発言がある）。「要領」を得るよりは、「極端迄行詰」まらないよう事態を収拾するのが斎藤の方針なのである。

斎藤は、第一次山本内閣が海軍の収賄事件であったシーメンス事件で倒れたときに、山本とともに引退する。だが、斎藤の手腕は、寺内正毅・長谷川好道の後任として抜擢された朝鮮総督時代に遺憾なく発揮された。第一次世界大戦を契機とする民族自決の趨勢の中、万歳事件により反日独立運動が高揚する朝鮮で、斎藤は軍人総督による「武断政治」から「文化政治」への転換を図った。「内鮮融和」の標語の下、総督武官制の廃止、憲兵警察制度から普通警察制度への転換、言論・出版・集会の制限の緩和、地方自治制度導入の試みなどが新たに図られ、民族運動の高揚を沈静化させようとしたのである。これは、斎藤を抜擢した原敬首相の統治方針であり、原と斎藤が一致して起用した辣腕の内務官僚水野錬太郎政務総監によって施策は遂行されていった。総督としての仕事の捌きは、「先づ関係局部長に腹蔵なき意見を吐露させて、最後に自分が之を裁断するといふ風であつた。よく軍人として陥りやすい、一々部下に命令してこれをやらせるといふ遣り方ではなく、それとは全然正反対であつて、部下に仕事を一任し、これを信任して充分手腕を伸ばさせるといふ遣り方で、最後の締括りだけ自分が責任を持つといふ風であつた」という(『正伝斎藤実第四巻』、三〇一頁)。

このように斎藤が軍人らしからぬ軍人であったため、その裏返しに、斎藤への評価は天皇の側近グループからはきわめて高かった。西園寺公望の談話、牧野伸顕の日記からは斎藤への高い信頼が語られ、内大臣・宮内大臣・侍従長の交替の際には、度々候補として名前があげられている。たとえば、海軍の後輩であった鈴木貫太郎は侍従長就任を受け入れる際に、斎藤の存在を意識して、「大将の心遣は、第一に斎藤子爵、一木宮相等を措いて自分如き後輩に如此重圧を擬せらるゝ事の不審にあり」といった趣旨の疑問を述べつつも引きうける(牧野伸顕『牧野伸顕日記』、中央公論社、一九九〇年、昭和四年一月二一日の項)。かくして、年長の斎藤から、順次海軍軍人が宮中との関係を深めていったのである。

さらに、斎藤は国際感覚豊かな政治家であった。約四年間在米日本公使館で勤務し、年によっては手帳に英文でスケジュールを書き込み、諸外国の海軍軍人と交わり、朝鮮総督時代には外国人宣教師に日本の統治の成功を見るよう説き、自ら英文の手紙を書いて外国の知人に送ることもしばしばであった。同時代にも希な国際派であった斎藤について、原田熊雄は西園寺に次のように語った――「昨夜の招宴では、日本人は内大臣、斎藤子爵、荒木陸軍大臣、外務大臣の秘書官、それに自分の五人きりで、後は大部分アメリカ人ばかりでしたが、近来政党出身の大臣が外交団を招ぶと、招ぶ方も招ばれる方も、双方とも迷惑さうです。国務大臣として外交団なんかと対等に交際ふような人が出ないと、結局斎藤さん、牧野さんあたりが、始終相手になることになつてしまひます。なんとか肝腎の国務大臣がもう少しよくなつて、紳士らしい紳士が出てくれないと困りますね」（原田熊雄『西園寺公と政局　第二巻』岩波書店、一九五〇年、二二二頁）。

妥協感覚・「文化政治」・宮中からの信頼・国際感覚の四者を斎藤が兼ねていたからこそ、五・一五事件すなわち現役軍人による首相暗殺という未曾有の事態を収拾するため、斎藤は首相に推挽された。戦後公開された史料から浮かび上がる首相斎藤は、一方で満州国承認・国際連盟脱退を推進しながら、他方で重臣の意向を汲み、陸軍の突出を抑制するため、主要閣僚に限定した「五相会議」を開催して陸相の意見を封じ込め、海軍の拡張要求も小規模にとどめるという「現状維持」路線をとった。閣僚、宮相、枢密院議長、貴族院勅任議員の任命において、「大小人事の捌きぶりは、およそ表面の鈍重さとは正反対の俊敏さを示すものであった」（有竹修二『斎藤実』二四八頁）とされる。「細心」さはことのほか人事の妙に表れたというべきであり、『巨人斎藤実』が閣僚の起用を中心に斎藤内閣時代を叙述しているのも、この点を暗に認めたものであろう。

内閣の崩壊は、政官界・財界をまきこんだ疑獄事件であった帝人事件によって引き起こされたが、首相辞職後、昭和一〇年一二月に斎藤は内大臣に就任した。この起用は、宮中にとり大正末以来の既定路線であった。しかし、内大臣時代の斎藤には、陸軍の不穏な動きが刻々と伝えられており、就任後間もない二月二六日、半ば死を覚悟していた斎藤は陸軍部隊の襲撃を受け、射殺されたのである。

「山本権兵衛大将の前にたつと、爛々とかがやく灼熱の太陽の前にあるおもいがする。加藤友三郎大将の前にたつと、何物をも一点の狂いなく映し出す名鏡の前にたったおもいがする。斎藤実大将とともにあるときは、美しいサロンに坐し、香り高いウイスキーを杯に酌み、静かに語るおもいがする」とロンドン海軍軍縮条約の締結・批准に海軍次官として尽力した山梨勝之進は回顧した（有竹修二『斎藤実』、三頁）。斎藤は、山本や加藤のように、危機を打開するために、先陣を切って獅子奮迅の働きをするのではなく、多元的な政治主体をそれぞれ認め、長期的均衡の中で最後に判断を下すという、平和な時代に適合的な政治家であった。多元性を認める多面性、つまり、軍政と政治、日本と諸外国、政治と文化、公生活と私生活といった領域を――「静かに」――行き来する生活態度が、斎藤の真骨頂である。そして、この多面性の故に、朝鮮総督、首相、内大臣としての斎藤は、現役武官、陸軍関係者、政党政治家、純然たる文官のどれもがその任にふさわしくない危機の時代に、関係方面の間で安定を図る役割を果たし得たのである。こうした人物でさえ軍部にとり障碍とみなされ殺害されたことは、確かに以後の日本がたどる悲劇の幕開けであった。

なお、読書家であった斎藤の蔵書は、生前から故郷水沢の斎藤邸において市民の閲覧のため開放されていたところであるが、これが後に水沢市立図書館になり、同館より斎藤家の蔵書目録が発刊されている。さらに、昭和五〇年にこの斎藤邸に斎藤実記念館が開館し、斎藤家蔵書が収められ、関係資料が展示されている。なお、斎藤家所蔵の公文書・日記・書簡類は国立国会図書館憲政資料室に所蔵されている。

20

岡田　啓介

岡田啓介
生没年：1868. 1. 21～1952. 10. 17
在任期間：1934. 7. 8～1936. 3. 9

20　岡田啓介

土田　宏成

『岡田啓介』

編者　岡田大将記録編纂会
発行所　岡田大将記録編纂会
発行年　一九五六年

岡田啓介の伝記には、ここに取り上げる岡田大将記録編纂会編・発行『岡田啓介』（一九五六年）のほか、岡田自身による『岡田啓介回顧録』（毎日新聞社、一九五〇年、一九七七年再刊、のちに中央公論（新）社〈中公文庫〉、一九八七年、二〇〇一年改版）、女婿の迫水久常による『機関銃下の首相官邸　二・二六事件から終戦まで』（恒文社、一九六四年）、次男の岡田貞寛『父と私の二・二六事件』（講談社、一九八九年、のち光人社〈光人社ＮＦ文庫〉、一九九八年）、作家・豊田穣による『最後の重臣　岡田啓介』（光人社、一九九四年）、福井県の郷土史家・上坂紀夫による『宰相岡田啓介の生涯』（東京新聞出版局、二〇〇一年）などがある。

本書の編纂は、一九五三（昭和二八）年十月、首相官邸（当時の首相は吉田茂）で営まれた、岡田の一周忌の席上決定された。一九五五（昭和三〇）年六月には、故岡田啓介大将記録編纂委員会が組織された。執筆には、岡田内閣時代に朝日新聞の内閣担当記者であった有竹修二があたることとなった。

本書『岡田啓介』の特徴は、通常の伝記のような出生から終焉にいたるまで逐年的に叙述する方式を採らずに、「事蹟の大いなるものを中心に重点的に記述することによって故人を描出する方法」を選んでいることである。その結果、本書は「第一部　ロンドン会議前後」、「第二部　岡田内閣とその前後」、「第三部　終戦への努力」という事蹟を取り上げた部分、および人物論である「第四部　『提督岡田』、『人間岡田』」という、四部構成になった。

本書の序文は「道しるべ」と題されている。タイトルは岡田が最初の夫人の死後、二度目の夫人を迎えるにあたって自ら筆を執った書の名前に因む。一家全体の幸福を思い、夫人に対して岡田家の嫁としての心得を記したものである。「道しるべ」の全文は写真版として、本書の第四部冒頭に挿入されており、岡田の人柄をよく伝える。

さて、本書は前述のような編集方針を採っているので、ロンドン海軍軍縮会議以前の岡田については詳しく触れていない。そこで、『岡田啓介回顧録』と本書巻末の年表などを参考にそれらを簡単にまとめておこう。

岡田は、一八六八（慶応四）年一月二一日（回顧録では二〇日）に福井藩士岡田喜藤太の長男として生まれた。同年元号は明治に変わった。よって岡田の生涯は明治日本、すなわち近代日本の歩みと重なる。一八八四（明治一七）年福井中学校を卒業、翌八五年おじを頼って上京する。着京当日、おじの家で客たちの前に引っ張り出され、何になるつもりで東京に出てきたかと問われた岡田は「太政大臣になるつもりです」と答え、一同の笑いを誘った。同年海軍兵学校に入学、同期（一五期）に財部彪らがいた。岡田は水雷を専門とした。日清戦争（一八九四～九五）では東郷平八郎艦長の下「浪速」に乗り組んだ。日清戦争を挟んだこの時期、岡田は海軍大学校の丙・乙・甲の三種類の課程をすべて卒業している。日露戦争（一九〇四～〇五）では「春日」副長として日本海海戦に参加した。第一次世界大戦に際しては、第一水雷戦隊司令官として膠州湾攻略戦に従軍した。

一九一五（大正四）年に海軍省人事局長に就任して以後、海軍省艦政局長、艦政本部長、海軍次官など中央の要職を歴任した。加藤友三郎が海相・首相を務めた時期である。ワシントン会議の前後、軍拡から軍縮へと大きな政策転換が図られるなか、岡田は加藤を支えながら、加藤の力量と手法を目の当たりにする。岡田は、ロンドン会議に関する回顧において、自分のやり方は加藤に学ぶところが多いと語っている。

一九二四（大正一三）年、岡田は大将に進級、その後連合艦隊司令長官などを務め、一九二七（昭和二）年、田中義一内閣の海軍大臣となった。一九二九（昭和四）年、田中内閣が総辞職すると軍事参議官となり、ロンドン会議を迎える。

ここで本書『岡田啓介』の内容に戻る。「第一部　ロンドン会議前後」である。記述は、岡田の手記（のちに『現代史資料7　満洲事変』〈みすず書房、一九六四年〉にロンドン会議関係部分を収録、また一九七七年以降に刊行された『岡田啓介回顧録』には全文収録）、や加藤寛治海軍軍令部長の手記（「加藤寛治遺稿」）など、当時は未刊行・未公開だった史料を用いながら行われている。

ロンドン条約をめぐっては、対米七割の艦艇比率確保を強硬に主張する加藤軍令部長ら反対派と、国際協調の立場から条約締結を目指す浜口雄幸内閣・海軍省との間で激しい対立が巻き起こる。岡田は、牧野伸顕内大臣や元老・西園寺公望らの意を受け、条約締結に向けて政府と海軍の間、そして海軍部内を精力的に斡旋した。ときに反対派に賛成するそぶりも見せながら、「出来るだけはげしい衝突を避けながらふんわりまとめてやろう」と考えたのであった。反対派の急先鋒である加藤軍令部長が福井県の後輩であったことも、岡田がまとめ役を演じる上で大きな力となった。

ロンドン会議については、伊藤隆『昭和初期政治史研究』（東京大学出版会、一九六九年）によって詳細な研究がなされ、その後、関係者の文書も次々と公開、または公刊されていった。しかし、岡田を中心としてみたロンドン会議という点では、本書の記述はなお一読に値する。こうして岡田が一軍人を超えた視野と手腕によって軍縮問題を収拾したことは、元老らの認めるところとなった。そして、一九三一（昭和六）年の満州事変以降、軍部が台頭していくなか、それを抑制する政治指導者として期待されていく。

「第二部　岡田内閣とその前後」に進む。一九三二（昭和七）年、五・一五事件によって犬養毅内閣が倒れ、斎藤実内閣が成立すると、岡田は二度目の海相として入閣するが、翌三三（昭和八）年一月に六五歳の停年を迎え現役を退くのを機に、海相も辞任した。一九三四（昭和九）年、斎藤内閣が帝人事件によって行き詰まりをみせると、斎藤は後継者には、綱紀問題に懸念のない人、ロンドン条約改訂問題があるので海軍に知識がある人が相応しいとして、岡田を望んでいた。七月三日斎藤首相は内閣総辞職を決断、それを受け元老・西園寺と重臣たちは、岡田を首相候補者とすることに決めた。岡田が参内を求められたのは昼時で、岡田は冷奴と冷飯で昼食を済ましたという。質素な暮らしぶりであった。

こうして七月八日岡田内閣は成立した。しかし、民政党の協力は取り付けたものの、最大多数党の政友会からは協力を拒まれた。前内閣と同様に軍部の台頭を抑制することを期待されていたが、より強力になった軍部の圧力を前に「はげしい衝突を避けながらふんわりまとめる」という手法は有効ではなかった。在満機構改革問題、第二次ロンドン会議、国体明徴運動、いずれにおいても、はげしい衝突を避けようとして譲歩を続けるだけに終わった。

岡田内閣下において陸軍部内の皇道派と統制派の派閥抗争は頂点に達した。一九三六（昭和一一）年二月二六日、皇道派の陸軍青年将校に率いられた約一四〇〇名の部隊が、岡田を始めとする要人を襲った。岡田の義弟・松尾伝蔵退役陸軍大佐が身代わりとなり殺害されたこと、岡田が反乱軍によって占拠された首相官邸から奇跡の脱出を遂げたことはよく知られている。しかし、当時、岡田が無事だったのは官邸におらず、「附近某所」にいたからだとのデマも流れた。岡田の側近はそれを否定する発表をしようとしたが、岡田は弁解を潔しとせず、それをやめさせている。周囲は岡田が責任を感じて自殺するのを心配したが、岡田は自分のために犠牲になった人々や自分を助けてくれた人々に深い哀悼と感謝を捧げつつ、生きて責任を果たす道を選んだ。二・二六事件と岡田については、前掲の『機関銃下の首相官邸』や『父と私の二・二六事件』が詳しい。

その後も岡田は重臣及び海軍の長老として活動していくが、日米開戦を避けようとして果たせなかった。そして、最後の大仕事である終戦工作に力を注ぐ。「第三部　終戦への努力」である。岡田には独自の情報網があった。長男の貞外茂は海軍中枢に、松尾伝蔵の女婿・瀬島龍三は陸軍中枢に、女婿・迫水久常は企画院・大蔵省など政府中枢にあったため、戦争全体の状況を正確に捉えることが出来たのである。戦局の悪化と東条英機首相の独裁的政治手法に対し、反東条の気運が高まるが、岡田は東条内閣打倒運動で先導的な役割を果たした。その際東条と岡田の二人だけの会見という劇的な場面もあった。

東条内閣が倒れると、小磯国昭・米内光政の連立内閣が成立したが、戦争終結の道筋を付けることができないまま退陣する。岡田は鈴木貫太郎への大命降下のために動き、女婿の迫水を内閣書記官長に送り込み、早期和平派の東郷茂徳に対しては外相に就任するようしきりに勧めた。そして、一九四五（昭和二〇）年四月鈴木内閣が成立し、八月ようやく終戦が実現した。岡田の終戦工作について、本書の記述は必ずしも詳しくない。研究としては纐纈厚『日本海軍の終戦工作』（中央公論（新）社〈中公新書〉、一九九六年）、資料としては伊藤隆ほか編『高木惣吉　日記と情報　上・下』（みすず書房、二〇〇〇年）などを参照すべきである。

「第四部　『提督岡田』、『人間岡田』」からは、岡田の人となりが知れる。水雷の専門家＝「水雷屋」であったことが、岡田を「いつも、隅っこにチョコナンと猫背をして坐っている人」＝下の者でも親しみやすい人、にしたという。また、大の酒好きであった。そして、生活は質素そのものであった。岡田は、自分の本心を隠しながら調整に当たっていく政治手法を得意としたが、吉田茂はそうした岡田を「大狸」だとし、「しかし、あの狸は、わたしたち以上、国を思う狸である」と評した。

岡田を見ていて驚かされるのは、その細心さのみならず、根底にある大らかさである。二・二六事件の際、首相官邸の女中部屋の押し入れに隠れていたが、熟睡していびきまでかいてしまう。どのような危機に際しても絶望することなく、粘り強く立ち向かい続けた岡田の強さがそこに現れている気がする。

21

広田　弘毅

広田弘毅
生没年：1878. 2. 14～1948. 12. 23
在任期間：1936. 3. 9～1937. 2. 2

松本　洋幸

『広田弘毅伝』

著者　沢田謙
発行所　歴代総理大臣伝記刊行会
発行年　一九三六年

石屋の息子から外交官、首相へ

東京裁判において、文官で唯一のA級戦犯として死刑となった悲劇の宰相として知られる広田弘毅は、一八七八年二月石屋の広田徳平、母タケの長男として現在の福岡市に生まれた。幼名を丈太郎と言い、小学校時代から藺草売り、松葉拾いなどで学資を稼いで父母を援ける健気で親孝行な少年だった。福岡市内の名門中学校・修猷館に学ぶ傍ら、玄洋社に通い、精神修養と、漢学の習得に努め、柔道の腕を磨いていった。後に見せる広田の粘り強い交渉能力は、幼少期の修養の賜物と言えるかもしれない。当初は陸軍士官学校への進学を希望していたが、三国干渉による遼東半島還付を目の当たりにして、外交官を目指すようになった。一八九八年修猷館を卒業した丈太郎は弘毅と改名し、同年第一高等学校に入学を果たした。在学中、外務省政務局長で小村寿太郎外相の懐刀と言われた山座円次郎に知られ、『日英同盟と世界の世論』の刊行、日露戦争直前の満州・朝鮮半島の極秘視察を命じられるなど、非常に懇切な指導と拳顧を受け、広田は山座を師と仰ぐようになる。

一九〇六年の第一五回外交官及領事官試験にパスした広田は、最初清国公使館、ついでイギリス大使館に赴任し、加藤高明大使、山座円次郎参事官のもとで、外交官としての必要な知識と見識を涵養した。一九一三年外務省通商局第一課長に任ぜられて帰国したが、対華二一ヶ条要求をめぐって当時の政務局長小池張造らの強硬方針と対立、司法大臣尾崎行雄を巻き込んでこれに強く反対したという。第一次大戦後の一九一九年四月米国大使館に赴任し、幣原喜重郎大使のもとで一等書記官を勤めたが、わずか一年二ヶ月の後、再び本省勤務となり、新設された情報部の第二課長、同次長を経て、欧米局長となった。この頃の広田は、外相・次官と並び称されるほどの声望を集め、彼の部屋を与野党問わず多くの政治家やジャーナリストが訪れ、政治家としての素質を兼ね備えた外交官として注目されていた。しかし彼は、将来の日本の外交官は中国問題とロシア問題を十分に研究するようにとの山座の教えを忘れることなく、常に極東アジアに重大な関心を払っていた。一九二六年から四年間のオランダ特命全権公使時代を経て、ソビエト特命全権大使に任ぜられた。駐ソ時代には漁業権問題、ソ連の領海問題、満州事変後の事後処理などをめぐって、ソビエト外務省のカラハン、リトヴィエフらと丁々発止の交渉を重ねてこれらを解決に導き、その粘り強い交渉能力と誠実な人柄が、内外から高く評価された。

当時の日本を取り巻く国際情勢は厳しく、一九三三年の国際連盟脱退など、国際的孤立化の道を歩みつつあった。斎藤実内閣の外相内田康哉が病気で辞職すると、ソ連から帰任して待命中の広田に後任の白羽の矢が立てられた（一九三三年九月）。以後、斎藤・岡田両内閣の外相として、米中ソ諸国との関係改善を念頭に置いた「広田外交」（彼自身はこの呼称を僭越として嫌っていたと言う）を展開した。高橋蔵相と協力して陸軍の軍拡要求をある程度抑えることに成功し、一九三五年五月には中国の公使館を大使館に昇格させ、さらに同年一〇月に日満支外交関係の調整、赤化共同防衛、排日運動の根絶を趣旨とする「広田三原則」を発表して、日中関係の改善につとめた。こうした地道な努力によって、一九三五年前半頃には広田外交は各国から一定の評価を得るようになり、彼の政治家としての声望も俄に高まった。一九三六年二・二六事件の責任をとって岡田内閣が総辞職すると、元老西園寺公望は当初近衛文麿を後継に奏請したが、近衛が辞退したことから、広田に大命が降下した。

『広田弘毅伝』と著者・沢田謙

本書は広田内閣の成立から約八ヶ月後（一九三六年一一月）に刊行されたものであるが、内容から判断して同年八〜九月頃に執筆が完了していたと思われる。一介の石屋の息子から外交官、さらに首相へと昇りつめた稀代の宰相への並々ならぬ期待が込められている。

著者の沢田謙は、一八九四（明治二七）年三月六日鳥取県岩美郡浦富村に生まれ、第一高等学校を経て東京帝国大学法学部に入学した。吉野作造の政治史の講義に刺激されて、主にヨーロッパの革命史研究に学究生活を送り、のちに『ロバート・オウエンより労働内閣までの英国労働史』（一九二四年）を纏めた。一九一八年に大学を卒業した後、茂木合名会社に入社して調査課長となるが、第一次大戦後の不況で同社は倒産、その後外務省の嘱託となり国際連盟事務局を担当した。一九二二年東京市政調査会参事となり渡米し、これを機に政治運動と著述業に携わるようになった。

沢田は帝大在学中から鶴見祐輔と親交を結び、後藤新平（鶴見の義父）や鶴見の「政治の倫理化運動」に参加した。彼等は大正後期から昭和初期にかけて、普通選挙法実施後に生まれる新有権者を対象として、政友会や憲政会のような既成政党にも、また無産政党にも依らない、中道政党を志向する「無党派連盟」の結集を呼びかける運動を展開した。一九二八（昭和三）年初の普選となる衆院選に、沢田は群馬県第二区から普選準備会（後藤新平系）の公認を得て立候補している（結果は落選）。

ちょうどその頃、沢田の名を不動のものにした『ムッソリニ伝』（大日本雄弁会講談社、一九二八年）が刊行された。同書は刊行当初から数十万部を売りつくす好評を得て、彼は以後伝記作家としての道を歩み、『後藤新平一代記』（平凡社、一九二九年）、『労働宰相マクドナルド』（平凡社、一九二九年）、『エヂソン伝』（大日本雄弁会講談社、一九二九年）を次々と発表した。一九三〇年代に入ると、その主張は大衆指導者による独裁政治待望論となり、『世界十傑伝』（大日本雄弁会講談社、一九三一年）、『独裁期来！』（千倉書房、一九三三年）、『ヒットラー伝』（大日本雄弁会講談社、一九三四年）、『汪兆銘』（春秋社、一九三九年）などを発表した。「文字の読める人なら、誰でも、欠伸なしに読み終れるやうに」（『後藤新平一代記』）が、伝記作家としての彼のモットーであった。輪郭の明確な人物描写、臨場感を醸し出す直接話法の多用、講談を髣髴とさせる流暢な展開、などが彼の伝記の持ち味で、本伝記でもその特徴が遺憾なく発揮されていると言える。盟友の鶴見祐輔も、「筆致雄勁にして、材料精確、しかも人間的情味に富み、史伝として完璧たるに近い」と、最大言の賛辞を寄せている（同伝記刊行会『月報』第一号）。

沢田は、広田を、本省課長から局長、次官を経て外務大臣へと栄達する「政治家型の外交官」と位置づけ、外交官補、書記官、参事官、大公使と駐外勤務の階梯を昇っていく「純粋の外交官型」（幣原喜重郎やその配下の佐分利貞夫）と好対照に描いている。最後の「展望」では、今後の日本の進むべき活路として南進論に触れ、北進・南進の国策の根本を決定して、米国との親善を第一に図るべき重大時であり、だからこそ久々に登場した「政治家型の外交官」の首相に大きな期待を寄せる、と結んでいる。澤田はその後、一九三八年に鶴見が中心となって組織した太平洋協会に広報部長として参画、太平洋戦争中は南方方面の視察を行い、南進論を主張する著述を二、三残し、戦後も児童文学作家として知られた。

広田内閣と広田のその後

広田内閣をめぐっては、陸海軍の要求に妥協を重ね、その後のアジア・太平洋戦争へと続く道を開く結果となった、という厳しい評価が多い。組閣に際して、陸軍の横槍により、同期の吉田茂（外相を予定）を含む四名の閣僚候補者を入れ替えるなど、軍側の意向で閣僚人事が左右される異例の事態となった。さらに陸軍の要求で軍部大臣現役武官制の復活を認めたほか、海軍の主唱で仮想敵国数を追加して南方進出を盛り込んだ帝国国防方針が策定され、陸海軍間で広義国防方針を纏めた「国策大綱」や「国策の基準」「帝国外交方針」が次々と決定・改定されていった。陸海軍は競い合うように軍備拡張を要求し、一九三七年度予算案は前年度比三一％増の三〇億四〇〇〇万円に膨らみ、馬場鍈一蔵相は軍事公債の発行と増税でこれを飲み込もうとした。外交面では、関東軍の華北進出で日中関係は悪化、さらに内蒙古で関東軍の謀略で起った綏遠事件、国民党と中国共産党との統一抗日戦線の起点となった西安事件により、蔣介石政権との交渉は暗礁に乗り上げた。また大島駐独大使館付武官と陸軍参謀本部で前年から検討されてきた日独防共協定が一一月に締結されると、ソ連は勿論のこと、米国や英国も対日感情を悪化させ、「広田外交」で着実に積み上げてきた周辺諸国との関係は急速に冷え込んでいった。

しかし陸海軍側の要求がそのまま貫徹されていったかというとそうではなく、広田は陸軍側の要求を退けて政党員の閣僚四名を据えていたし、「国策大綱」の修正や、日独防共協定への英国の加入を働きかけるなど、政策決定過程における軍部の抑制と外務省の主導権回復を模索していた。広田としては、持ち前の粘り強さを駆使して軍側の要求を抑えながら、各国との関係修復につとめ、内政の充実を考えていたかもしれない。本伝記も「国民もまた、気を短くせずに、広田内閣の行方を、じつと瞰守らねばならぬ」と述べているが、遺憾ながら内外をとりまく情勢は彼に十分な時間を与えず、第七〇議会で寺内寿一陸相と浜田国松議員との「割腹問答」を機に、広田内閣は誕生から一年持たずに総辞職となった。

その後、広田は、第一次近衛内閣で再び外相に復帰し（一九三七年六月）、内閣成立直後に始まった日中戦争の和平交渉に取り組むが、在中国ドイツ大使トラウトマンを介した工作が失敗し、戦線拡大の前に彼の活躍する場面はほとんどなかった。翌年五月に近衛の要請をうけて外相を辞任、以後は重臣として、有田八郎や東郷茂徳等戦時下で苦悩する歴代外相達を側面から助けたほか、大戦末期には対ソ交渉による和平工作にも積極的に関わった。一九四五年一二月戦争犯罪容疑者として巣鴨出頭を命じられ、翌年に始まった極東国際軍事裁判で審理され、黒龍会の人脈である玄洋社との関係や、首相在任中の日独伊防共協定の締結、第一次近衛内閣の外相であったことなどを理由に、同年一一月絞首刑の判決を受け、一二月二三日巣鴨拘置所で刑死した。

22

林　銑十郎

林銑十郎
生没年：1876．2．23～1943．2．4
在任期間：1937．2．2～1937．6．4

22　林銑十郎

土田　宏成

『宰相林銑十郎』

著者　佐伯平造・栄谷貞吉

発行所　静軒会

発行年　一九三七年

林の伝記で最も詳細なものは、林の遠縁で、私設秘書を務めていた宮村三郎によって書かれた『林銑十郎（上）―その生涯と信条―』（原書房〈明治百年史叢書一六三〉、一九七二年）であるが、同時代に書かれたものとしては、樺山友義『林銑十郎伝』（北斗書房、一九三七年三月九日発行）、佐伯平造・栄谷貞吉『宰相林銑十郎』（静軒会、一九三七年六月一日発行）がある。二冊とも首相在任時のものである。

ここに復刻するのは、佐伯・栄谷の『宰相林銑十郎』である。その自序によると、同書は林の承認を得、また一部資料の提供を受けて書かれたとある。また、発行元の静軒会（因みに「静軒」は林の雅号の一つ）主幹渡辺米蔵の一九三七（昭和一二）年五月付「刊行の御挨拶」によると、本書は突然の衆議院解散により輿論の林内閣に対する批判が強まるなか、「国民の一人にでも多く首相を認識して頂き度いと云ふ念願」から刊行されたものとわかる。このように本書は、一種公的な性格を持った伝記であるといえる。

なお、著者のうちの一人佐伯平造は、一九三一（昭和六）年に『裸一貫金儲市場』（正和堂書房）という著作を出しているが、そのなかで、自分のことを「拾余年前より応用経済学を専攻し、金儲に関する研究に相当の努力と経験とを払ひ、之に関する著書も十数種を世に公にして」と紹介している。林との関係については、宮村『林銑十郎（上）』は、著者を「林大将の長男の学友」としている。本書中にも著者が「長男錬策君につれられて」、林に面接したとの記述がある。そのため、宮村は本書について「青年時代までの記録は信憑性あるものと見ることが出来る」と評価している。

本書『宰相林銑十郎』のこのような性格を念頭に置き、以下その記述にそって、他の資料も参照しながら、林の人物に迫ってみたい。

本書の記述は、林の故郷金沢の紹介から始まる。林は金沢初の、すなわち石川県初の総理大臣である。一八七六（明治九）年二月二十三日、林は加賀藩士林孜々郎の長男として誕生した。少年時代は「沈勇無口の少年」で、友達は少なく、歴史物・軍記物の読書に時間を費やした。この寡黙と孤高は生涯を通じて続き、林の長所でもあったが、政治家としては短所であった。坂本龍馬と西郷南洲（隆盛）に憧れ、のちに林が用いた雅号の一つ「龍南」は、この二人の名前に由来するという。

林はもとから軍人志望だったわけではなく、最初、第四高等学校に進んだ。しかし、日清戦争に遭遇するや、軍人への転向を決意し、一八九五（明治二八）年に陸軍士官学校に入学した。陸士在学中、林は、神道・儒教・仏教の三教の一致を唱える川合清丸の大道学舎を訪れ、その精神に大きな影響を受けることになった。一八九六（明治二九）年陸士を卒業（八期）、一九〇〇（明治三三）年には陸軍大学校に合格、一九〇三（明治三六）年卒業した。ただし、成績は陸士・陸大ともに特別に優秀というわけではなかった。

日露戦争には第九師団隷下の歩兵第六旅団副官として出征、一戸兵衛旅団長（のち陸軍大将）を補佐し、旅順攻撃に参加した。盤龍山の戦いでは、師団司令部の後退命令に従わず、機をみて僅か七〇余名の残兵を率い、敵塁を奪取した。この功績により、林は第三軍司令官乃木希典から個人感状を受け、「鬼大尉」の異名をとった。

日露戦後、参謀本部部員を約三年務めるが、その後の長い間、中央の要職を占めることはほとんどなかった。そのような林にとって真崎甚三郎（陸士九期、佐賀出身）との関係が重要な意味を持つことになる。本書は林と真崎がはじめて手を握り合った時期を、一九二〇（大正九）年以降、林が技術本部付、臨時軍事調査委員、真崎が軍事課長を務めていた頃としている。陸軍を牛耳る長州閥への反発が二人を接近させた。

一九二六（大正一五）年、林は陸軍中将に進級すると同時に東京湾要塞司令官に就任した。東京湾要塞司令官は、通常その後に予備役編入が待っている閑職であった。ところが、林は翌一九二七（昭和二）年に陸軍大学校長に栄転する。本書は、そのことについて、真崎が同じ佐賀の先輩である武藤信義大将を動かした結果だとしている。その後林は栄進し、一九三〇（昭和五）年には朝鮮軍司令官となり、満州事変を迎える。

一九三一（昭和六）年九月一八日、満州事変が勃発する。朝鮮軍に関東軍から増援請求が来る。朝鮮軍はそれに応じて混成旅団を編成、満州に派遣しようとするが、参謀本部からは待機命令が来る。二一日林は参謀本部の命令を待たず、混成旅団の満州派遣に踏み切った。有名な「越境事件」である。政府の掲げていた不拡大方針は大打撃を受けた。

「越境事件」については、林自身の記録があり、高橋正衛編・解説『林銑十郎　満洲事件日誌』（みすず書房、一九九六年）として公刊されている。それを読むと、林は、部下の幕僚たちに操られていたわけではなく、情勢を分析し、自分の主体的な判断で越境に踏み切っていることがわかる。幕僚らは間島への出兵も主張していたが、林は採用していない。林は元来ロボットではない。しかし、恐らくはその寡黙の故に、林の考えていることが周囲の者にはよく分からず、決断に際して誰かの意見に動かされているかのような印象を与えてしまうのであろう。かくして、周囲は林をロボットと見なし、彼を自派に加えて利用しようとしたり、担いだりしようとする。

さて、いうまでもなく参謀本部の命令、すなわち天皇の命令なくして、国境を越えて兵を動かすことは本来許されないことである。その責任を感じた林は、白装束に身を固め、割腹の用意をして処分を待った、というのが、本書『宰相林銑十郎』の描く「越境将軍」誕生のエピソードであるが、到底事実とは思われない。ただし、こうしたエピソードが流布したことは、人々が林にどのようなイメージを抱いていたかを考えるうえで興味深い。

一九三二（昭和七）年、林は他の満州事変関係者と同様、責任を問われるどころか栄転する。陸軍大将に進級、陸軍三長官の一つ教育総監に就任したのである。荒木貞夫陸相、真崎参謀次長の皇道派全盛時代であった。しかし、荒木陸相の下における党派的人事や精神主義の強調、隊付青年将校の政治運動は、省部の中堅エリート幕僚たち、いわゆる統制派の離反を招く。一九三四（昭和九）年一月荒木が病気のために陸相を辞任すると、林がその後任となった。林も皇道派とみられていたが、陸相として部内の再統合をめざし、派閥対立の解消に取り組むことを決意する。そして、統制派のリーダー永田鉄山少将を陸軍省軍務局長に据える。一九三五（昭和一〇）年七月には、持ち前の決断力を発揮し、盟友であった真崎教育総監の更迭に踏み切った。この間の問題については、竹山護夫「昭和十年七月陸軍人事異動をめぐる政治抗争」（その一）～（その六）（『山梨大学教育学部研究報告　第一分冊（人文社会科学系）』二四号・一九七三年、二五号・一九七四年、二七～三〇号・一九七六～一九七九年）を参照すべきである。

しかし、真崎更迭は皇道派の激しい反発を呼び、八月皇道派の相沢三郎中佐によって、永田は斬殺される。永田事件の責任を取り、九月林は陸相辞任を余儀なくされた。続いて翌三六（昭和一一）年には皇道派の青年将校によって二・二六事件が引き起こされる。このときも林は襲撃を受けなかったが、林が真崎の後任として教育総監に推した渡辺錠太郎大将は殺害された。これらのことは林がロボットとみなされていたことを端的に示している。

一九三七（昭和一二）年一月、広田弘毅内閣が総辞職した。その後任として組閣の大命を受けた宇垣一成陸軍大将も陸軍の陸相推薦拒否により、組閣断念に追い込まれた。ここに大命は林に下った。しかし、総理大臣としての林は一軍人の立場を越えた組閣プランも、政策も持ち合わせていなかった。林は、ここでは本当の意味で担がれねばならなかったのである。

本書では、名前が挙がっていないが、林を首相に担ごうとしたのは、石原莞爾参謀本部作戦部長を中心とするグループであった。しかし、石原グループの板垣征四郎陸相案に、陸軍首脳部は反対、組閣は暗礁に乗り上げる。ここにおいて林は得意の決断力を発揮し、陸軍首脳部の推す中村孝太郎を陸相とすることとし、石原グループと決別した。その結果、内閣は成立したが、石原グループの有していた諸政策も失われてしまった。

そうした林が最喫緊の問題として政綱に掲げたのは、なんと「祭政一致」であった。議会運営については、予算成立後の会期最終日に突如衆議院を解散する。ここでも決断力を発揮したわけだが、戦場での軍事的決断とは異なり、林の政治的決断は冴えなかった。「食い逃げ解散」との批判を浴び、総選挙に敗北、五月三一日閣議は総辞職を決定した。ちなみに本書奥付に書かれた発行日は六月一日であり、内閣の末路については記述がない。

一九三七（昭和一二）年二月二日から六月四日までの在職期間四カ月は、歴代内閣の中でも最も短命な部類に入る。このように政治的能力の欠如をさらしてしまったこともあり、その後の林は他の重臣たちに比して影が薄かった。なお、重臣時代の林を知る手がかりとして、林の手記「近代内閣走馬燈」（竹山護夫「林銑十郎稿『近代内閣走馬燈』について」、『日本歴史』四二三、一九八三年七月、のち竹山護夫『竹山護夫著作集第三巻　戦時内閣と軍部』名著刊行会、二〇〇七年に所収）がある。

晩年、林は脳血栓を患うが、死の床で頻りに軍服を求めた。居合わせた者は心を打たれた。そして一九四三（昭和一八）年二月四日に死去した。折しもガダルカナル島からの撤退作戦が実施されている最中のことである。こうして林は、大日本帝国の崩壊を見届けることなく、武人としての六八才の生涯を終えた。

23

近衛　文麿

近衛文麿
生没年：1891. 10. 12～1945. 12. 16
在任期間：(1)1937. 6. 4～1939. 1. 5
(2)1940. 7. 22～1941. 7. 18
(3)1941. 7. 18～1941. 10. 18

今津　敏晃

『近衛文麿』上・下

著者　矢部貞治
発行所　近衛文麿伝記編纂刊行会
発行年　一九五二年

近衛文麿評の現状

近衛文麿に関する書物は戦前戦後にわたり数多くあるが、その評価は様々であり、それゆえ、近衛像も一致を見ていない。首相就任時までの近衛は、「革新」的で、国民的人気を誇る若き大政治家としてもてはやされるが、敗戦後、近衛に日中戦争や日米開戦の責任を求めようとする立場からは、近衛に意志薄弱、優柔不断という評価が下されることになる。また一方で、日米開戦回避の努力や戦中下での和平実現へ向けての活動を評価しようとすれば、近衛は熟慮、粘りの人と評されもする。こうした近衛論の現状について政治史学者の武田知己氏は「生前の近衛が過大評価され、死後の近衛が批判され過ぎていることも確かだ。近衛政治の真実は、近衛を巡る過大評価と過少評価の中間にあると言ってよいのではないだろうか（武田知己「近衛文麿」〈御厨貴編『歴代首相物語』所収〉）」と述べている。

その百家争鳴の中において矢部貞治『近衛文麿』（近衛文麿伝記編纂刊行会のち弘文堂）は戦後間もなくの刊行にもかかわらず、陽明文庫所蔵史料の活用や関係者からの聞き取りなどの史料的裏付けに加え、著者が主観的意図の臆断を避けたと述べるように抑制的な筆致で描かれているため、一級の伝記となっている。たしかに、本書に対しては、著者の立場を反映して、陸軍関係者からの聞き取りの乏しさや新体制運動への評価について問題があるという指摘が既になされている（本書の抱える問題点および執筆経緯については読売新聞社の復刻版に収められた奥村房夫氏の「解題」が詳しいので参照されたい）。しかし、そうした問題点を抱えつつも、所収史料の豊富さや近衛文麿と彼の生きた時代をバランスよく描くことに成功している点は評価が高く、やはり定評のある岡義武『近衛文麿』（岩波新書）と並んで現在においても必ず参照すべき近衛論となっている（なお、矢部は本伝記の圧縮版である『近衛文麿』（時事通信社）も著している）。以下、この矢部による伝記を手がかりに近衛文麿とその時代を振り返ってみよう。

青年期

一八九一（明治二四）年に近衛篤麿の嫡男として生まれる。生母衍子は産褥から亡くなったため叔母の貞子が篤麿に嫁いで文麿を育てることになった。ただ、後年、貞子が実母でないことを知った近衛は衝撃を受け「世の中は嘘だ」と述べたという。幼少期から青年期にかけての近衛は神経質で、頭脳は概して鋭く、先へ先へと進んでものを考えるという風であったらしい。また、公爵という出自が周囲との隔てを生み、孤独感にさいなまれた青年期であったという。そうしたことも影響してか一高時代には社会主義に惹かれもしたようである。

「英米本位の平和主義を排す」

第一次世界大戦終結直前の一九一八（大正七）年一二月に近衛は「英米本位の平和主義を排す」を著す。英米中心の現状維持について痛烈に批判したこの論文によって近衛は世に知られるようになったが、矢部によれば近衛の「生涯を貫く基本思想がここに現れている」という。

しかし、その近衛はパリ講和会議を実見することで若干の意見修正をしたようでもある。講和会議後に近衛が執筆した『戦後欧米見聞録』では、クレマンソーらの力の支配の論理が会議の主導権を握る中、ウィルソンの理想主義およびその産物である国際連盟への期待を隠していない（近衛「講和会議所感」〈『戦後欧米見聞録』〈中公文庫〉所収〉）。特に、アメリカ大統領ウィルソンの持っていた講和会議資料の「公平」さに近衛は好意的な評価を与えていた（加藤陽子「政辞考」二、『現代』二〇〇五年一二月）。ただしそれはアメリカと国際連盟に対する近衛の期待が裏切られれば、彼が「英米本位の平和主義を排す」の立場に復してしまう危険をはらんでいたものでもあった。

貴族院議員として

パリ講和会議に随行する前の一九一六（大正五）年に貴族院議員に就任していた近衛であったが、一九二一年の貴族院における中橋文相問責の動きに対し、倒閣についての貴族院の責任問題を理由に問責へは反対意見を述べている。また、このころから貴族院改革の必要を感じ、「憲法研究会」を組織している。現実の政治過程での貴族院のふるまい方に対する近衛の危機感はその後も近衛の頭を離れなかった。一九二二年には研究会へ入会し、研究会の内側から貴族院の改善を計ろうとし、それが困難であると見ると、一九二七（昭和二）年公侯爵議員のみの会派火曜会を結成して貴族院会派の党派的行動への警鐘をならした。さらに、一九三四年秋頃には貴族院議長でありながら、時代の変化に追いつけない議会の現状に否定的見解を述べるに至る。こうした一連の流れは最終的に近衛自身が内閣を組織した際の議会制度改革へと集約されていくが、この過程からは議会制度への期待と現実の懸隔に苦慮する近衛の姿が見えてくる。

他方、軍の台頭と政党の凋落の中、そのどちらにも属さない貴族院議長であり、時代の趨勢に自覚的な近衛は「公平なレフェリー」を期待される存在にもなっていたと矢部は言う。それは一九三五年頃には新聞雑誌が年頭に近衛の論説を掲載するのが恒例となっていたことからも窺えるという。近衛出馬の空気は醸成されつつあった。

首相時代

広田内閣は陸軍に引き回されて倒壊し、続く林内閣は食い逃げ解散によって議会と正面衝突を来し敗北した。近衛が全国民的輿望を担って内閣を組織したのはそうした状況下であった。「革新」的政策だけでなく、陸軍の抑制も期待されていたのだった。しかし、首相時代の近衛の行動は軍や強硬意見の制御に苦しみ、かなり精彩を欠くものであった。第一次内閣では日中戦争の戦線拡大への憂慮を深めつつ、行政と統帥の間の垣根に阻まれて有効な手を打てず、かえって「対手とせず」声明によって事態を収拾困難にする。新体制運動を背景に組織された第二次内閣も、その政治基盤となるはずの大政翼賛会を、「幕府的存在」という周囲の批判から、政治的な力を持たない公事結社にしてしまう。近衛は新党がナチスの一党独裁のようになり、陸軍に利用されるのを避けたと主張しているが、翼賛会に軍部抑止の可能性を期待した矢部貞治は近衛の行動に否定的な評価を下している。一方、外交面では日独伊三国軍事同盟締結や仏印進駐により対米関係を悪化させるにおわった。第三次内閣の総辞職も対米開戦回避への強い主張の表れであったとはいえ、結果的には次期首相を推薦する木戸に決定を預けてしまった。責任回避と見られても仕方がないだろう。プレイヤーには向かなかったのかもしれない。

戦時下から戦後へ

日米開戦は近衛の置かれた状況を一転させた。日米開戦を準備しつつも、実際には開戦阻止に回ったように見られた近衛はかつての衆望が反感に変わるのを目の当たりにした。戦勝に浮き立つ周囲と敗戦を予感する自身との溝を嫌が上にでも感じたことだろう。さらに東条内閣からは危険視され、憲兵につけ回されるようになり、東条支持であった木戸幸一内大臣からも距離を置かれるようになる。また、皇道派の起用による陸軍統制を主張する近衛は皇道派への不信感を抱く昭和天皇とも齟齬を生じている。

にもかかわらず、敗戦が濃厚になると近衛は終戦に向け積極的に活動する。共産主義革命への危機感から早期和平に向けて種々の工作を行った。それらの中には近衛をソ連に派遣し和平仲介を依頼するプランも存在したという。そして近衛およびその周辺の努力が「聖断」によるポツダム宣言受諾を成功させ、日本は敗戦を迎える。

敗戦後の近衛は新時代の日本のルール作りに積極的に関与する。東久邇宮内閣に政治顧問的立場で入閣する一方、内大臣府御用掛として新憲法の草案作りにも努めた。戦時下の逼塞から解放された近衛は皇室の維持を図り、敗戦後の混乱する日本をまとめるべく活動していた。しかし、新聞など、近衛の戦争責任を追及する声も高かった。また、GHQも戦争犯罪人の選定にとりかかり、近衛も戦犯候補の一人として有力視される。そして、一九四五（昭和二〇）年一二月六日に遂に近衛にも逮捕の命令が下る。裁かれることを潔しとせず、出頭拒否の覚悟を固めていた近衛は自死を選ぶ。この時、彼が「政治的遺書」として著した手記『失われし政治』（朝日新聞社）は、レフェリーとしてのものか、プレイヤーとしてのものか、果たしてどちらとして読むのがよいのだろうか。

24 平沼騏一郎

国立国会図書館ホームページ「近代日本人の肖像，首相編」

平沼騏一郎
生没年：1867．9．28～1952．8．22
在任期間：1939．1．5～1939．8．30

24　平沼騏一郎

牧原　出

『平沼騏一郎回顧録』
編者　平沼騏一郎回顧録編纂委員会
発行所　平沼騏一郎回顧録編纂委員会
発行年　一九五五年

平沼騏一郎は、慶応三（一八六七）年に岡山で生まれ、帝国大学法科大学卒業後、司法省に入省し、検事総長・大審院長を経て、第二次山本権兵衛内閣で司法大臣に就任した。その後平沼は、枢密院副議長・議長を経て、昭和一四年一月に近衛文麿内閣の後を襲って首相に就任し、近衛内閣の生産力拡充と国家総動員政策を継承するが、日独伊防共協定強化問題への対応に腐心する中で、同年八月に突如独ソ不可侵条約の締結に直面して辞職した。「欧州の天地は複雑怪奇なる新情勢を生じた」という退陣時の談話は、戦前日本の外交指導の迷走ぶりを示すものとして著名である。以後も国務大臣・重臣として政治に参与した平沼は、太平洋戦争後、極東国際軍事裁判でA級戦犯として終身禁固刑を受け、服役・獄死した。

こうした平沼に対する評価は、生前から芳しくない。同時代の政治評論での平沼評、また日記・談話録に記された平沼評では「老齢」「陰鬱」「陰険」「謹厳」「寡黙」などの言葉が並んでいる。理由の一つはその経歴である。

司法省の検察畑出身の官僚政治家平沼は、明治四二年の日糖事件を嚆矢とする疑獄事件を自ら指揮して政党・軍・藩閥官僚の腐敗を弾劾し、司法省の権威を高めることによって大正期には省内に平沼閥を創りあげ、他方で右翼団体国本社を組織し、昭和期には「ファッショの総本山」と呼ばれ隠然たる影響力を政界に発揮した。こうした平沼の印象はきわめて暗い。

次に、首相就任時の平沼は前首相の近衛文麿と比較された。私生活において独身を貫いたとされた平沼は、華族の名家出身であり、大衆の人気を博していた近衛とは、まるで光と影のような対照をなす。平沼内閣以降、内閣で協力し合う近衛と平沼は、華麗さと陰湿さという正反対のイメージを互いに強めあったのである。

さらなる問題は、平沼周辺に出入りする人物への評価である。原田熊雄による『西園寺公と政局』（岩波書店、一九五〇年～一九五六年）には、しばしば「平沼一派」・「平沼男の周囲」という言葉が登場し、「平沼はよいが平沼周辺は問題である」といった趣旨の発言が、荒木貞夫、宇垣一成からのものとして記録されている（第二巻、二二四頁、第四巻、二八九頁）。平沼に近いはずの加藤寛治による同旨の発言も他の記録に見られることから（竹内賀久治伝刊行会『竹内賀久治伝』、一九六〇年、八六頁）、平沼の悪印象の一端はその周囲の人物から生じていたことがうかがえるであろう。

こうした平沼評を前提にすると、本叢書に収録した『平沼騏一郎回顧録』（以下『回顧録』と略す）は、まさに平沼がその「一派」に向けて語った記録である。回顧談は二つに分かれており、前半は昭和一七年から一八年にかけての談話記録「機外会館談話録」である。後半は、極東軍事裁判で終身刑を受けて服役中の巣鴨プリズンにおいてなされた「巣鴨獄中談話録」であり、昭和二七年四月から七月という死の直前の記録である。そして、これらは『回顧録』の中では明確な編集方針にもとづき採録されている。すなわち、機外会館談話録については、「内容を検討して若干の取捨をなし、また用語等について多少の修正を施した以外は、なるべく原文のまま輯録する方針」をとり、巣鴨獄中談話録については「機外会館の口述と若干重複する箇所があるので、その点については、委員会の手で、整理の上削除した」とされている（二〜三頁）。確かに、四十有余回開かれたという巣鴨談話は、記録としては十八回分の採録にとどまり、断片的な記録として編集されている。つまり、読者に対して、機外会館談話録を主に、巣鴨獄中談話録を従に読み解くことが期待されているのである。

では、『回顧録』の主要部分である機外会館談話録とはいかなる記録なのか。側近の田辺治通の伝記によれば、第三次近衛内閣の国務相であった平沼が、昭和一六年八月一四日に狙撃された後、療養中に度々訪れた側近の間で、「これを機会に後日平沼男の伝記を作る時の材料にするため実歴談を聴いて記録に止どめておこうとの議が起つた」という。翌一七年二月に塩野季彦、田辺治通、竹内賀久治、太田耕造、成田努、川田瑞穂らによる聞き取りが平沼邸で開始された。「平沼直系ばかりのこの会合は次第に目立ち倒閣の陰謀をやつているとの噂が専らになつたので、場所を平河町の機外会館に移し、囲碁の会ということにして」会合を開いた。だが、十六回の会合以後、平沼が中華民国国民政府に対する答礼使節として中国へ渡ったため一時中断し、一八年春に再開されて一〇月中旬の第二十九回目で完結したという（田辺治通伝記編纂会『田辺治通』、一九五三年、二六二〜三頁）。『回顧録』では十五回までが一七年中に開催され、最終回の第二十四回は一八年七月に開催された。こうして二十九回の内数回が省略されて「機外会館談話録」が公刊されたのである。したがって留意すべきは、第一に親しい側近に囲まれた中での幾分落ち着いた雰囲気でなされた談話であること、第二に平沼の死が予感された段階で開始された記録であること、第三に言論弾圧が意識された中での記録作成であったこと、第四に十五回までの記録と十六回以降とでは記録としての性格が異なることである。

そもそも、家族のない平沼は、座談的性格の強い会合を好み、その側近も平沼を中心とした会を組織することにつとめていた。こうして、大正期の辛酉会、比較的年長者が会員であった月曜会、若手官僚を主体とした水曜会など、様々な会合が平沼の周囲で開かれていった。機外会館談話録は、これら平沼を囲む人物群の中でも、病身の平沼を幾度となく訪れた人々、すなわちもっとも平沼を慕う側近たちへの談話である。ゆえにそこで語られるのは、単なる過去の回顧ではなく、情勢の分析であり、赤裸々な感情表現であり、そして政治的遺言である。

いずれの回でもほぼ共通して冒頭で平沼が話題を設定している。その点で、一見話題が八方へ飛ぶ散漫な記録に見えても、少なくとも十五回までは若年から徐々に平沼の人生行路をたどるように平沼自身が配慮し、中国から帰国した十六回以降は、一八年という戦局の悪化を背景に時局談を主たる内容としている。したがって、十五回までを回顧録として、十六回以降を一八年の政治批評として読むことがまずは基本姿勢となるであろう。

『回顧録』に強い関心を示した政治思想史学者の橋川文三は、特に第十一回に着目した。ここでは司法部が「嫌われた」、「虐められた」、「迫害のやうな事」をされたなど、自虐的な感情表現が続く。橋川は、「嫌悪されて来たという意識」からかえって、「藩閥、財閥、政党を低級なものと見なす心性」が生じたと推測する（橋川文三『昭和維新試論』朝日新聞社、一九八四年、一八二頁）。平沼にこういった性格がひそんでいたことは同時代像からも十分うかがえるが、平沼自身がそうした志向に偏したわけではない。何らかのバランスを保とうした姿は、たとえば内閣総辞職直後に司法官時代を叙述した一文にみられる（「渦紋の五十年」『法曹会雑誌』第十七巻第十一号）。それは、司法省と司法官の威信の増大の歴史を論じ、司法官の独立について「権勢の外に独立して居なければならぬ……司法官も神や仏でないから、固より足らざる所もあり、至らざる所もあつたに相違ないが、財界の批判も決して公平であつたとはいへない」と述べているように、全体に抑制のきいた客観的筆致である。これと比べて、側近を相手に語られた機外会館談話録では、赤裸々に語られる平沼のコンプレックスと、それでもなおかつ客観的に事態を見直そうとする発言とが入り乱れているのである。

平沼は明治二一年に帝国大学法科大学を卒業し、司法省に入省した。それも望んではなく、在学中に司法省より給費を得ていたためであった。半ば不本意な入省は、平沼を既成の権威への反発へと駆り立て、日糖事件、シーメンス事件など汚職事件の容赦ない摘発による藩閥・政党・財閥への掣肘に邁進させた。さらに、入省後制定・実施に参画した明治憲法下の数々の法律が、性急な西洋法の模倣であったことに対して、平沼は悔悟の念を募らせていく。その結果、平沼は、司法官僚でありながら、法律よりも道徳を重視し、法律に没入しえない傾向を強くもった。自ら手がけた法律に依拠して司法省を主導しながら、その法律に対して飽き足らない思いを抱くというアンビバレントな法律観をもつにいたったのである。

ここから、平沼は、法律を道具とみて、それを外からとらえる政治感覚を育てていったといえるであろう。たとえば、『回顧録』では、司法官時代の疑獄捜査に際してとった政治的配慮が詳細に語られている。シーメンス事件の捜査では、海軍そのものに傷を付けないよう配慮し、大逆事件では事実認定に不備がある被告人に大赦を願い出たと述べている。また平沼は、一方で「私は藩閥、政党、権門から嫌はれてゐたから司法官で終始するつもりで、大審院自体を権威あるものにしやうと尽力した」と述べるが、他方で「私があまり出しやばるのは困ると見えるが、さりとて私が裁判関係におるので出すことが出来ぬ。検事総長は免職にすることは出来ぬから安泰である」（九〇頁）と言う。つまり司法権の独立が、自らを守る盾であることに充分意識的なのである。

平沼は原敬首相から司法大臣就任を打診されたときは拒絶するが、第二次山本内閣では大臣就任を受けいれた。だが、虎の門事件で内閣が倒れたことにより、司法省から離れることとなった平沼は、無政府主義への強い警戒感を抱くに至った。平沼とその周囲につくられたいくつかの会合は、この虎の門事件を機に、国体思想の普及を目的とした団体「国本社」に一本化された。全国の軍人、司法関係者、官僚、財界人などを構成員とした国本社は、最盛期には地方支部一七〇、会員数二〇万人に達したといわれている。『回顧録』には、国本社での平沼の活動の一端が講演録として収められている。

平沼自身はこの山本内閣での大臣就任が政治家への転機となったと語る（九一頁）。たとえば、この時期の平沼と初めて懇談した松本剛吉は「予は曾て平沼氏を以て単に人格高き学究者なりと思ひ居たりしに、今回の会談に依り予の平素の観察は全く異り、氏は政治家に要する凡ての素質を具備し居り……（中略）……確かに首相の器なることを見抜きたり」と高く評価した（松本剛吉『大正デモクラシー期の政治　松本剛吉政治日誌』、岩波書店、一九五九年、四八八頁）。こうして一司法官僚から、官僚政治家へと転身したという評価が次第に広まるのである。

平沼は大正一三年に枢密顧問官に就任し、一五年に枢密院副議長に選任された。以後昭和一一年に枢密院議長、一四年に首相になるまで、平沼は首相候補と目されていくが、議長昇任、首相就任の何れも、永らく元老の西園寺公望を中心とする宮中グループに阻まれた。また、平沼の個人的な願望であった宮中入りも西園寺らの拒否にあった。西園寺は、大正一五年、平沼に次第に心酔していく松本剛吉に対して、その政治経験が浅いこと、外国から認知されない内は首相候補になり得ないことを冷静に説いた。だが、昭和期には、平沼への警戒心を隠さず原田熊雄に語っている（前掲『西園寺公と政局』）。その理由は、国本社が糾合した中堅官僚・軍人が一九三〇年代の革新的施策を主導するに及んで、平沼が観念右翼の巨頭と目されるようになったからである。『回顧録』はこの時期について、もっぱら法律・条約審査の経緯と、帝室制度審議会での審議とに触れるにとどまる。だが、全編を通じて西園寺への反発が随所に述べられており、それらは昭和期の西園寺が醸成した平沼評を裏返した平沼による西園寺評である。

平沼は、二・二六事件によって親交を深めていた荒木貞夫、真崎甚三郎など陸軍皇道派が力を失うと、むしろ陸軍を押さえる「現状維持派」に近づき、昭和一一年八月には国本社を解散し、ファシズムとは一線を画したことを内外に示そうとした。昭和一四年一月から八月までの平沼内閣についての記事は『回顧録』中の談話録にはなく、獄中手記「日独伊三国同盟論」の中に外交面への弁明がなされているにとどまる。首相として近衛内閣の施策を踏襲した平沼は、退陣後も、第二次近衛内閣の内務大臣、第三次近衛内閣の国務大臣に就任して、近衛とともに開戦を回避する方向で政治指導に参画した。また首相経験者・重臣として首相選定にも関与している。

平沼は、首相時に南京政府樹立のため渡日していた汪精衛と会見しており、南京政府の参戦が日本との間で懸案となっていた昭和一七年には、大使として永井柳太郎、有田八郎とともに南京に渡り、汪からの参戦を希望するメッセージを受けて帰国した。この出発直前の機外会館談話録第一五回談話は、小村寿太郎ら外交官評に始まり、日中戦争の原因について話題が及んでいるが、平沼が中国との外交関係に関心を寄せていたという背景事情にもとづくものである。また帰国した平沼は、翌一八年に再度機外会館での談話に臨んだ。ここでは、時局談から出発し、過去に一瞥を与えた後、戦後世界が展望される。今後は「思想戦」となることが強調され、教育の再建を説くことで談話が締めくくられているのは、やや散漫な内容ではあるが平沼の政治的遺言であろう。

最後に、読者の文献渉猟のために触れるならば、平沼の所蔵していた書簡・公文書類が、国立国会図書館憲政資料室にて『平沼騏一郎関係文書』として収蔵されている。

25

阿部　信行

国立国会図書館ホームページ「近代日本人の肖像，首相編」

阿部信行
生没年：1875．11．24～1953．9．7
在任期間：1939．8．30～1940．1．16

阿部信行（一八七五―一九五三）

米山　忠寛

阿部内閣の発足当時、阿部信行とはどんな人物かと問われたある政界通は「さきの総理大臣岡田啓介と、政友会の前田米蔵をどうにかした程度で、想像してみたらわかる。顔もこの二人に些か似ているじゃないか」と答えると相手はだいたい理解できたという。阿部も岡田も前田も円満な福相と穏やかな物腰、頭も良い。だがいずれも表舞台に出るよりも幕の陰に活躍の場を得る人々である（「堀内達「「新閣僚人物月旦」阿部、畑、吉田」）。

阿部信行は陸軍出身の首相で陸軍大将・軍事参議官を最後に予備役に入り、一九三九年に首相となっている。経歴を簡単にまとめると、阿部は石川県の出身で父は金沢藩士族である。府立四中、第四高等学校、陸軍士官学校（九期）、陸軍大学校、軍務局長、陸軍次官、陸相臨時代理、第四師団長、陸軍大将、軍事参議官、一九三九年首相、駐華大使、翼賛政治会総裁、朝鮮総督、一九五三年死去、となる。

阿部信行に関する史料としては「阿部信行関係文書」（東京大学法学部近代日本法政史料センター所蔵）がある。一四四点が所蔵されており、Ⅰ内閣総理大臣関係書類、Ⅱ日華基本条約関係書類、Ⅲ企画院関係書類、Ⅳ大東亜建設審議会関係書類、Ⅴ朝鮮総督府関係書類、Ⅵその他、と整理されている。

阿部は自伝や回想録などを残してはいないが、戦後に東京裁判での弁護側資料としてまとめられた『政治外交と軍部』(阿部信行述)がある。『政治外交と軍部』は主に軍務局長以後の時期の阿部の回想がまとめられている。表記については基本的に「阿部は」となっているがいくつか「私は」となっている箇所もあり、弁護用にまとめる際に編集されたものであるだろう。(その為にか、一部回想の時期が不明確な部分もある。)その回想では、二・二六事件後に当時陸軍長老として軍事参議官であった阿部が率先して事件の引責辞任を主張し、全員が退くこととなったのだという。自らには直接の責任はなかったとしても後進の教育に当たってきた者として責任をとったのだとされる。

阿部は当初は第四高等学校に入ったが、日清戦争をきっかけに中退し士官学校に入った。元来阿部が高等学校を中退して陸軍に入ったのは一般的な俗な世の中から離れようとしたもので、自分では陸軍での教育や軍務の方を好み、軍政にはあまり興味がなかったという。しかし、周囲は彼の適性は軍政にあると見ていたようで、宇垣一成の下で登用され、軍務局長・陸軍次官となった。しかし本人は軍務局長就任時に政治との交渉があまりに多いのに辟易して「俺は政治は嫌だ、政治家になるくらゐなら軍人なんかになりはしない」と周囲にこぼしていたという(『荒木貞夫と阿部信行』四五頁)。だが、阿部は次官として宇垣軍縮の実行役としてその評価を確立し、荒木・本庄・松井・真崎など六人が陸軍大将に昇進した陸士九期の同期の中でも軍政ならば阿部であり、非常時が一段落すれば陸相として適任の阿部の出番がやってくるものと思われた。

ただ、阿部には秀才的な性格がやや表に出過ぎという評価もあった。実際に阿部は陸大卒業後に駐在武官・陸大教官・陸軍省・参謀本部など常にメーンストリームから外れることがなかった。そして、彼は日露戦争・シベリア出兵と出征はしたものの勲功を立てる機会に恵まれず、大将になるまで遂に金鵄勲章をもらわないままであった。平時であれば宇垣の後に阿部が陸相となることはほぼ確実であった。だが満州事変以後、宇垣・阿部の時代はひとまず終わってしまい、阿部よりも同期の荒木が待望され陸相となったのである。結局陸軍大臣にはならないままに現役を退いた。

その前に、阿部は次官時代に中将のままで国務大臣・陸相臨時代理に就任している。これは浜口内閣の宇垣陸相が入院し、議会に出られなくなった時に、浜口内閣は陸相の辞任は望まないが、現役でない他の大臣が陸相の事務管理をするのは好ましくないということで阿部次官を無任所大臣としたものである。このような無任所大臣の例は戦時期になると多く現れるが、当時としては伊藤博文に次ぐ二例目という大変に珍しい事例であったという。

一九三六年に現役を退いた後の阿部は日華同文書院の理事長などをしていたが、一九三九年八月に大命を受け、平沼内閣の後を受けて阿部が首相となった。阿部内閣の成立は世間的には意外なものと受け取られたが、軍政家が求められた時代であったのだとすればわからなくもない。首相候補として湯浅内大臣や近衛、西園寺は広田元首相や阿部、財界人の池田成彬（三井財閥）などを候補としており、陸軍の要望もあって阿部となったのであった。

阿部内閣は弱体内閣と噂された。だが最初に弱体であっても成果を挙げた内閣の事例というものも多いのである。日露戦争を完遂した桂内閣も前評判は決して高くなかった（岩淵辰雄「阿部内閣論」）。だが、阿部内閣の場合は結局その前評判を覆せないままに終わってしまった。

阿部内閣は発足してすぐに貿易省設置問題で躓いた。設置案自体は意義のあるもので経済界や世論の後押しもあったのだが、弱体内閣ということで外務省中堅層に侮られ、ストライキを起こされた。阿部内閣が譲歩し、騒動への処罰を行わない形で決着したことで阿部内閣の威信の低下は成立早々に決定的なものとなってしまったのである。

その後も、米価問題や低物価政策など政策自体は一理あるにしても軸がぶれ、朝令暮改の謗りを受けるに到った。当初の少数閣僚主義も放棄して政党への入閣交渉・協力要請を行ったが、逆に衆院議員二七六名の連名による内閣不信任の勧告を受けて進退窮まった。

阿部は内閣としては総辞職をせねばならない理由はなく、理不尽な勧告であるとして、衆議院の解散でもって対決をしようと決心をした。だが、陸海軍両大臣から「内閣の命運よりも軍事予算の成立（解散の回避）の方が大切である」という勧告を受けた。伝家の宝刀が抜けないことが明らかになった以上は内閣は死に体であり、阿部は挂冠を決意し総辞職したのである。

だが退陣後も首相経験者としての経歴が加わった軍政家阿部が必要とされる働き場所は多くあったのである。それは非常時の中にある平時の部分であり、その位置に阿部は必要とされたのであった。

まず一九四〇年三月に駐華大使に任命された。阿部内閣はその成立時に欧州大戦への不介入を決め、支那事変の解決を第一目標としてきた。（米英ソなどへの外交努力も含めて）陸軍もそれに賛成であった（「阿部信行関係文書」「新内閣に対する陸軍の要望」）。蔣介石政権への工作も行いながらも南京の汪精衛政権樹立の準備が行われ、退陣後の阿部がその大使就任を要請されたのである。だが、日華基本条約の交渉はまとまったものの、重慶政権との全面和平を睨んで、南京政府との関係をどうするか、その判断が留保されたことによって結論は持ち越されることになった。

次いで一九四二年の総選挙に際して阿部は求められて翼賛政治協議会の会長となり、選挙後には翼賛政治会の総裁に就任した。この時の推薦選挙の目標は、広く人材を集めて良い人に議会に出てもらうということであった。選挙法によると第三者の推薦による候補者というものがある。今は地元にいない人でも、そこの出身者で現在東京で活躍しているという人もいるのだから、そういう人達を候補者として協議会が推薦していこうというものであった。だが実際には本部と各県支部の意向がまとまらないこともある。阿部は「これ以外にも人物はたくさんいるのだから、これ以外の人でも良い人が当選して出て来れば我々は大いに歓迎する」「良い人でその推薦から落ちた人も多数あるのだ、選挙民が認めて宜いといつて出て来る人があれば固より結構なことである」という考えを発表し、推薦はあくまで便宜的なものであるということを示したという（『政治外交と軍部』）。実際に立派な候補者であっても支部の都合で推薦はできないという場合には敬意を表して対立候補を立てないということもあった。その結果、協議会の推薦によらない人も一割何分か当選していた。

その間に阿部は首相経験者として首相奏推のための重臣会議に出席している。阿部は東条とは取り立てて縁が深い訳ではなかったが、前内閣からの継続性ということを重視して結果的に第三次近衛内閣の閣員であった東条を推したという。ただ、阿部の当初の考えでは東久邇宮などを考えていたという。

東条内閣が退陣したのを機会に阿部も翼賛政治会総裁の辞任を望んだ。だが、朝鮮総督から首相になった小磯に請われて、小磯と入れ替わりの形で朝鮮総督となった。総裁としての最後の仕事として衆議院からの小磯内閣への入閣交渉を行い、前田米蔵・町田忠治・島田俊雄ら議会の有力者の入閣を取りまとめた。

朝鮮総督としては終戦に際しての共産党のデモへの対策などを行い、米軍への引継が最後の仕事となった。

阿部信行は首相として内閣としては十分な成果を残せずに終わった。だが軍人政治家としての阿部は当時としても貴重な存在であり、あるいは本人の希望以上に十分にその活躍の場を得たものと言って良いだろう。

26

米内　光政

米内光政
生没年：1880. 3. 2～1948. 4. 20
在任期間：1940. 1. 16～1940. 7. 22

佐藤健太郎

『一軍人の生涯 ―回想の米内光政―』

著者　緒方竹虎
発行所　文藝春秋新社
発行年　一九五五年

仮に伝記を正統／異端という軸で分け得るならば、本書は異端の伝記と呼ぶのがふさわしいように見える。第一に『一軍人の生涯』というタイトルからして異色である。首相を務めた人物の伝記としてはずいぶん控えめな感じがする。

また、章立ても独特である。はじめの四章で米内の海相就任から終戦までを評伝的に描き、五番目の章である「軍人としての米内光政」で前半生を振り返り、最後にエピソードの類を盛り込んだ「人間としての米内光政」で締めくくるという体裁をとっているのである。

そして何より際立っているのは、著者緒方の異彩を放つ筆致である。はじめの四章部分は評伝的ではあるが、同時代を生きた人間にしか分かりえない悔悟の念から来る迫力があり、米内の評伝というよりも、戦時期全体の評伝という印象さえ与える。緒方の筆は米内を評価するがゆえの米内批判、陸軍など各勢力への批判、さらには皇族への批判にまで及んでいる。その強い感情の迸りによって、独特の迫力を持った伝記となっているのである。著者緒方竹虎は、朝日新聞時代、小磯内閣での国務大臣・情報局総裁時代と、米内の近くにあった人物である（戦後は自由党総裁などを務める）。緒方が本書を執筆した動機としては、戦争回避のため、あるいは終戦のため奮闘した米内への感慨が大きな理由である。緒方は時代の流れに抗しきれなかった自分自身への憾みを抱きつつ、米内を「中流の砥柱」に例える。砥柱とは黄河の激流の中で不動のまま立つ石柱のことであるが、「戦争謳歌の激流」に流されず、あくまで己の涯分を守り続けた米内にふさわしい形容であろう。

以下、まず米内の軍人時代を概観し、その後本書のメイン部分とも呼ぶべき最初の四章を中心に概説する。

米内光政は明治一三年盛岡生まれ。海軍を志したのは、斎藤実や山屋他人など海軍軍人を多く輩出していた岩手県という土地柄ゆえであり、米内家の家計が苦しいためでもあった。のち海軍兵学校（二九期）を経て、海軍大学校も卒業。大正四年にはロシアに赴任し、大正六年の二月革命を目撃する。その後もポーランドでロシア研究に従事し（大正一〇年）、昭和三年には第一遣外艦隊司令官として華中警備の任にあたり、蒋介石とも知り合うなど、広く海外を識る機会を持つ。無口で端正、威厳が備わり、不器用ではあるが柔道の豪の者であり、酒量も多いといった「東北人特有と見ゆる性格、風采」は先輩同僚の注意を惹き、一部の「心ある者」からはその前途を嘱望されていた存在であったという。

やがて米内は海軍軍人として最高の栄誉ともいうべき連合艦隊司令長官となる（昭和一一年）。「太平洋の海波静けき世なりせば」米内は立派な海軍軍人として、しかし目立たぬ生涯を送りえたかもしれない。しかし時代は米内を放っておかなかった。広田内閣総辞職の責を負った永野海相に代わり、米内は林内閣の海相となる。「連合艦隊司令長官をやめて一軍属になるのは全く有難くない」と語ったという「純軍人肌」の米内は「御国の為」この任を受けたのであった。齢五七歳を目前にしての入閣である。同内閣が三ヶ月で倒れたあと、第一次近衛内閣、平沼内閣と留任した米内にとり、この時期最大の政治的課題は何といっても日独伊の三国同盟問題であった。これにつき緒方は「下克上」吹き荒れる陸軍と統制のとれた海軍を対比させながら記述していく。米内は山本五十六次官らと協力し、三国同盟に反対しつづけ、五相会議においては、三国同盟如何に関わらず、米英に対しての「勝てる見込み」はないと明言する。これらの態度は陸軍の恨みを買うことになるが、米内は揺るがずに己の涯分を守り通したのであった。結局独ソ不可侵条約締結により平沼内閣は「複雑怪奇」の声明を残して退陣し、三国同盟問題も一時棚上げにはなるが、これがまさに一時の棚上げに過ぎなかったことは歴史が証明している通りである。

さて、米内は平沼内閣総辞職により海相の座を離れるが、続く阿部内閣が行き詰ると、昭和天皇の意向もあって、米内内閣が誕生する（昭和一五年一月）。しかし成立直後から陸軍を中心とする倒閣運動は盛んであり、わずか半年で退陣を余儀なくされてしまうのである。直接の理由は、部内をまとめきれなかった畑陸相が辞任し、後任の陸相を得られなかったこと（陸軍のボイコット）にあるが、緒方はこれが「日本の破局」を決定づけたものとし、この「陰謀に加はつた」閑院宮の批判までしている。そして以下のように述べる。「陸軍がボイコットを企てた時、米内が陛下を煩はしてもこれを弾圧し得なかつたか否か」、「それは正に陛下を煩はすに値した」、しかしそれが出来なかったのは米内の「面倒臭がり屋」が原因であるという。緒方は、これは面倒臭がりを理由にして片付けられる問題ではなかった、と慨嘆する。米内を評価するがゆえの、あきらめきれぬ米内への思いが溢れ出ている記述である。

そして米内内閣倒壊の後は、三国同盟締結などを経て、日本は太平洋戦争への道筋を歩むことになるが、緒方は米内不在の海軍首脳部、あるいは東條英機への批判的記述を続けながら、次いで「小磯米内聯立内閣」（昭和一九年七月成立）へと筆を進める。

首相就任のために自ら予備役に入っていた米内は現役復帰を果たして海相に就任する。緒方はこの内閣を「戦ふ内閣か和する内閣かの目標の無かつたこと」が弱点であったと指摘する。この内閣には緒方自身が国務大臣・情報局総裁として関わっていたこともあり、記述は緻密で迫力も増している。緒方はこの内閣で、中国との和解による戦争終結を目指すいわゆる繆斌工作に従事するが失敗に終わり、それが内閣崩壊の原因ともなったのである。緒方の脳裏からこの「戦争中の悪夢」が消えることは無く、和平は中国を通じるべきだったのではないかと未だあきらめきれず、「和平問題についてのみは遂に米内と一致点をうることが出来なかつた」と記している。米内が繆斌工作をもっと推し進めてくれたら、という無念さがそこにはある。

一方の米内は、小磯内閣倒壊後も鈴木内閣に留任し、首相を支え、徹底抗戦を叫ぶ陸軍を抑えながらポツダム宣言受諾の立役者となるが、精魂を使い果たし、昭和二三年に帰らぬ人となるのであった。

その後、小泉信三が書いた「米内光政のこと」（本書に収録）を読んだ昭和天皇は、小泉に対し「あれを読んで米内が懐かしくなつた」「惜しい人であつた」と述べたという。

米内は、「戦争謳歌時代の激流」の中に生きた異端児、しかしまごうことなき正統の道筋を歩んだ一軍人、あるいは一個の人間であった。智謀はないが知性を持った、信念の人であった。そして激流の凄絶さを体験し、「中流の砥柱」の真の意義を深く痛感していた緒方であったからこそ、米内の生涯を適確に描き得たといえるだろう。

そういった意味で本書は、米内光政を、そして「戦争謳歌時代」を深く理解するための格好の評伝であるといえ、異彩を放ちながらも、米内の正伝として読まれるべきものである。

【他の伝記・参考文献】

本書出版以前の伝記としては、高木惣吉の『山本五十六と米内光政』（文藝春秋新社、一九五〇年）があるが、記述の中心は山本にある。網羅的ではないが、同時代人の米内評として参考になる。また、伝記ではないが、米内光政述・七田今朝一（米内が露国赴任時の駐在武官）編『常在戦場』（大新社、一九四三年）がある。戦死した山本五十六を回顧した著作であり、どこまでが米内の真意か明確でない部分もあるが、陰徳を強調した部分など米内の人柄を偲ばせる記述が興味深い。

本書出版後のものは、多かれ少なかれ本書を参考にしているが、本書の資料収集にあたった高宮太平の『米内光政』（時事通信社、一九五八年、再版が一九八六年に出版）は本書の補足版として読むことができる。また、米内の秘書官を務めた實松譲『米内光政』（光人社、一九九三年）は改版を重ねた米内伝の文庫版であるが、著者しか知りえない米内の記述が参考になろう。さらに阿川弘之『米内光政』（新潮社、一九七八年）はジャンルとしては小説であるが、米内の私的側面などが詳しく描かれている。最近のものでは、高田万亀子『静かなる盾　米内光政（上・下）』（原書房、一九九〇年）、『米内光政の手紙』（原書房、一九九三年）が挙げられる。前者は伝記的研究書であり、各種の資料を用いた労作。後者は新しく発見された米内書簡（海軍の同僚に宛てた手紙など）を用いながら、米内の人間像を描いている。

伝記以外では、まず高木惣吉写・實松譲編『海軍大将米内光政覚書』（光人社、一九七八年）が著名である。米内の手記等を収め、解説も充実している。また、原顕三郎、沢田壮吉編『米内光政追想録』（非売品、一九六一年）は、米内に近い軍人及び郷里の著名人による回想録であり、米内の多様な側面を垣間見ることができる。最後に、米内関連の研究書として、相沢淳『海軍の選択―再考　真珠湾への道』（中央公論新社、二〇〇二年）を挙げておきたい。米内を含めた海軍首脳部の戦略的な見地を分析したものであり、今後の戦時期研究の道筋を示唆するものである。

なお、緒方竹虎の伝記としては、入手のし易さなども考慮すると三好徹『評伝緒方竹虎』（岩波書店、一九八八年、現在入手可能なものは岩波現代文庫版、二〇〇六年）が一読に値する。

27

東條　英機

東條英機
生没年：1884. 12. 30～1948. 12. 23
在任期間：1941. 10. 18～1944. 7. 22

御厨　貴

『東條英機』(上)・(下)
著者　ロバート・J・C・ビュートー著・木下秀夫訳
発行所　時事通信社
発行年　一九六一年

東條英機の「伝記・評伝」と、語の真の意味で呼びうるものは、戦後六十年を越えた現在もなお存在しない。こう言えば、いやそんなことはない、現にここに収めたロバート・ビュートー著『東條英機』（翻訳本は上下二巻で、時事通信社より一九六一年十二月刊）を始め、日本人の手になるものでも数冊をあげることができるではないか、との反論に直ちにあうだろう。

しかしそのどれをとっても、―東條に対して好意的であれ批判的であれ―、東條を描く筆致はまことに冷静沈着で、東條の人物像がある感慨をもって浮かび上がってくることはない。さらに言えば、戦前の内閣の中でも、在任任期は三年弱と長期政権の部類に入るではないか。そうであればそこには当然に彼のリーダシップ論が然るべく展開されてよさそうなものだ。それも実はない。そもそも東條は学問的検討の対象になっていないのだ。

今を去ること四十数年前、近代日本の政治家・官僚を取り上げて、彼等の権力や統治の思想を考察した『権力の思想』（筑摩書房、一九六五年）と題する論文集が刊行された。ここには「大久保利通」（佐藤誠三郎）、「陸奥宗光」（萩原延寿）、「原敬」（三谷太一郎）、「近衛文麿」（岡義武）、「吉田茂」（升味準之輔）といった政治家論の間にはさまって、「東條英機」（判沢弘）が居心地が悪そうに入っている。しかも先に掲げた政治家論は執筆を担当した研究者の著書に再録され、他の研究論文や一般書にも引用されている。これらに対して判沢弘の手になる「東條英機」は、東條の「遺言」の分析を通じての首相時代の東條の権力の思想を考察しようとしたにもかかわらず、最終的には判沢の意図は達成されていない。その故もあってか、この論文は広く引用されることもなく埋もれてしまった。因みに判沢は執筆にあたっての参考文献にビュートーの伝記をあげていない。何故か、これも興味をそそられる事実である。

今一つ、東條英機刊行会・上法快男編『東條英機』（芙蓉書房、一九七四年）を見てみよう。これは刊行会のメンバーに星野直樹、大島浩、佐藤賢了、有末精三、田中新一、赤松貞雄ら東條周辺の人物十八名を集めており、一見すると首相経験者によくある家の子郎党が中心となって出版する顕彰伝若くは公式伝のように見える。時期的に言っても東京裁判から三十年を期しての事業と捉えて不思議ではない。

しかしよく読むと、これは一風変わった書物なのである。まず第一に刊行会メンバーは、東條側近を網羅してはいない。次いで第二にこの本のどこにも刊行趣意書が書かれていない。それればかりか、刊行会メンバーは資料提供者と位置づけられている。編者の上法快男もまた、「東條英機研究の今日的意義」という序論を掲げているにもかかわらず、上下二段組で七五〇頁にならんとする大著の大半は、関連資料（それも公刊された書籍）の羅列と解説に他ならない。本書に収めたビュートーの『東條英機』からの引用も三箇所ある。「東條陸相に就任」と「名誉の失われし時」及び「近衛観」であるが、上法はいずれも外国人からみた所見との評価を付している。ここでは「名誉の失われし時」と銘打って東條自殺の件を扱ったビュートーの記述についての上法の解説をみておこう。

「この戦後最大の劇的場面をロバート・ビュートーは刻明に画いている。彼の記録は冷酷なまで客観的であり、アメリカ人一流の皮肉とユーモアを交えているが、戦争直後の増悪と敵愾心の抜けないアメリカ兵士や、ジャーナリストの狂騒ぶりを遺憾なくとらえている。そこには日本人には信じられないデマに類する情報も入っているが、あの世紀の自決の前後の客観的な記述として一読に値するものといえよう」

実はこの解説は、ビュートーの伝記全体の記述にも適合的と言える。東條びいきにならぬよう客観的記述に苦心した結果、上法の書物は資料集の趣きを呈することになった。もっとも顕彰伝にしばしば見られる周辺の人たちによる証言集も本書にはまさに「人間東條」と題して収められている。しかし〝カミソリ〟東條には、人間味あふれるエピソードはふさわしくなかったのか、一向に「これは面白い！」と思わず膝を打つような快心の〝小話〟に出会わないのだ。かくて上法の書物は東條英機の分析はおろか、東條英機を生んだ日本の土壌及び戦争へとむかった客観情勢に基づく日本の姿を浮き彫りにする試みさえも中途半端に終わっている。

一九七九年に刊行された楳本捨三『東條英機・その昭和史』（秀英書房）は、ノンフィクション作家を自称する人物による東條周辺の人々への取材と証言を基にした人物論である。これまた必ずしも意味明瞭ならざる「あとがき」によれば、「一人の律儀な好人物が大勢に押流されて世界中の嫌われ者になるまでの過程と、その一生」を書いたものと言うことになる。残念ながら〝面白く使えそうな〟エピソードにはあまり出会わない。

一九八〇年、終戦三十五周年を記念して刊行された矢次一夫『東條英機とその時代』（三天書房）は、「あとがき」にて矢次自ら語るごとく『政変昭和秘史』の続編の意味をもち、同じ時代を共に生きた見聞を基礎に、東條の一面を描いたものに他ならない。ありていに言うと、〝東條英機の時代〟のタイトルであればぴったりだ。

かくて東條英機には「伝記・評伝」が存在しないという話に戻らなければならない。よくも悪くも抜き難い形で、極東軍事裁判とその判決が立ちはだかっているのだ。あの戦争が未曾有の敗戦に終わり、国際的に戦争責任が問われ、東條英機は戦犯の筆頭に挙げられてしまった。この呪縛から逃れることは難しい。そこで日本近代の戦争をふり返ってみよう。日清戦争の伊藤博文や陸奥宗光、日露戦争の桂太郎や小村寿太郎は、三国干渉に関する対外硬派への説明責任、あるいは日露講和に関する国民の憤激と焼き討ち事件への対処など、いずれも国内統治における責任こそ問われたものの、勝った戦争自体についての責任論など、どこからも追及されなかった。だからこそ、戦争指導・外交指導を彼等の一生の中にダイナミックに組み込むことによって「伝記・評伝」の類が成立しえたのだ。

東條の場合は、彼の生涯のすべてがあの戦争の政治指導と、極東軍事裁判をめぐる議論とに分ち難く結びついている。そもそも最初のしかも外国人の手になる『東條英機』の「読者のために」において、ロバート・ビュートーは「本書は日米両国間の戦争勃発と東條の責任、そして太平洋の平和を破る日本の決定の―東條及び国にもたらした―諸結果をあつかう。本書を一貫するテーマは、東條の生涯を通じてみた日本陸軍の国政における役割である」と、明確にその執筆意図を述べているのだから。

そこでビュートーの著書をながめてみよう。本書は、「第一部　サムライの蔭に」「第二部　不可能を可能にする」「第三部　天の意思」の三部構成から成る。因みに各部各章のタイトルは、外国人の日本研究者が陥りがちの、持って廻った表現のため必ずしも適切でないと言わざるをえない。第一部は、明治維新から一九四〇年前後までの近代日本の政軍関係の概観であり、東條英機の父英教からのパーソナル・ヒストリーがその中に散りばめられている。

これも余談になるが、東條英機は岩手県出身であるにもかかわらず、原敬、斎藤実、米内光政といった戦前期の宰相を三人も輩出した岩手県と誇らしげに語る度に、東條英機は東京生れでと除外することを人は忘れない。他方東京出身の宰相として、東條英機をことさらに挙げる人もいない。東條は敬して遠ざけるといった態度が、知らず知らずのうちに日本国民の中に徹底したからであろう。

第二部はあの戦争の原因論の解明を主とする。したがって極東軍事裁判からの記述が多くなる。第三部は敗戦へのプロセスと、まさに極東軍事裁判のプロセスが描かれる。ここに至ってドラマの主人公としての東條英機の言動への注目が集まることになろう。

そうであれば判決によって東條の評価もまた定まってしまう。いわゆる極東軍事裁判史観の中に捕らわれた東條の一生は、そこからの脱却を許されない。ビュートーの伝記は、無論極東軍事裁判をそのままトレースするほどナイーブではない。しかし歴史観そのものは極東軍事裁判史観の大枠をなぞっていると言えよう。

東條英機は、いったいいつになったら極東軍事裁判史観そのものと決別し、「伝記・評伝」を書かれる自由を獲得できるのであろうか。人物論としていえば、首相時代の東條に対して昭和天皇の評価が高かったことは、すでに『昭和天皇独白録』（文春文庫、一九九五年）において明らかである。しかしまたその昭和天皇が東條英機らを靖国神社に合祀したことを不快に感じられたことも、昨今の天皇周辺の資料で明らかにされている。こうしたこと自体がまた論争を呼ぶよすがとなっている。

あの戦争にまつわる論議は、歴史の政治化に伴って、二十一世紀になった今も終わりそうにない。その意味での戦後が終わらない。いや終わらない戦後が続く限り、東條英機は「伝記・評伝」を書かれる自由を確保できまい。だとすれば、近代日本―戦後まで含めて―の宰相たちの中で、今なおしばらく評価定まらず歴史の中を浮遊する唯一の宰相として、東條英機は日本国民の記憶の中に止まることになるのではないか。

歴史にはアポリアがあるとよく言う。東條英機こそは、「伝記・評伝」のアポリアたる存在に相違ない。ここに収めたビュートーの伝記が、パラダイムの転換を経て全面的に書き改められる日は、果たして到来するのであろうか。

28

小磯　国昭

小磯国昭
生没年：1880. 4. 1～1950. 11. 3
在任期間：1944. 7. 22～1945. 4. 7

28　小磯国昭

米山　忠寛

『葛山鴻爪』
編者　小磯国昭自叙伝刊行会
発行所　小磯国昭自叙伝刊行会
発行年　一九六三年

前に東条、後に鈴木。開戦・終戦の両内閣に挟まれて小磯内閣について関心が持たれることは多くはない。扱われていない訳ではないのだが、前後の悪玉・善玉を論じることに熱心な多くの著作が狭間の内閣を添え物的に扱ってしまうので尚更そう感じられるのかもしれない。

『葛山鴻爪』は小磯国昭の自伝である。これは小磯内閣についての資料として重要なのはもちろんであるが、首相時代の部分だけを抜き出して読んでも小磯の感覚は把握しにくいだろう。それはあまりにもったいない読み方である。この八七万字（約九〇〇頁）に及ぶ大部の著作の中で、小磯内閣の時期は僅々五〇頁程に過ぎない。しかも首相時代というのは叙述の仕方からしてもこの本を代表してはいないからである。

まず経歴をまとめておこう。小磯国昭（一八八〇―一九五〇）は陸軍出身で一九四四年七月から四五年四月の間、首相として内閣を率いた。生まれは栃木だが出身は山形で、山形中学から陸軍士官学校へ進んだ（陸士一二期）。

日露戦争に参加した後、陸軍大学校に進む。その後、軍務局長・陸軍次官・関東軍参謀長・第五師団長・朝鮮軍司令官を歴任し、陸軍大将となって一九三八年に予備役に編入された。その後、一九三九年平沼内閣で拓相、四〇年米内内閣で再び拓相、四二年朝鮮総督を経て、一九四四年七月に首相となった。一九四五年四月に総辞職し、戦後四八年に極東国際軍事裁判で終身禁錮刑を言い渡された。巣鴨収容所で一九五〇年に七〇歳で病死した。

まず最初に『葛山鴻爪』の構成をまとめておく。本書は天・地・玄・黄の四巻からなる。「天之巻」では家族関係の事柄（老父母への孝養や子供の相次ぐ病死への悲しみ）の他、幼年期の記憶から始まって、山形中学・陸軍士官学校から越後村松連隊勤務、日露戦争従軍までが記されている。次いで「地之巻」では陸軍大学校から支那調査旅行・『帝国国防資源』の編集・陸軍航空の研究・伊勢久居の連隊長の時の軍縮による軍旗返還、がその内容となる。

「玄之巻」では参謀本部勤務から軍務局長時代に関与を疑われた三月事件、小磯の評価を高めた満州事変への対応から、広島の師団長・朝鮮軍司令官、陸軍内の派閥、までが対象となる。最後に「黄之巻」では、陸軍の現役を退いてからの生活と、朝鮮総督への就任から首相時代、終戦後の東京裁判と巣鴨での生活、までとなっている。

この小磯の回想録は、小磯が終身禁錮刑を言い渡された後、巣鴨の獄中で一九四八年から四九年に書かれたものである。パール判事の無罪意見書の裏面に書かれ、それを綴じて紙と飯粒で作った紙箱に納められていた。だが、本書の内容は明朗であり暖かみもあり、家族や旧友への愛情にあふれている。時折の笑い話も忘れない。読者はしばしばこの著作が獄中で書かれたものであるということを忘れ去ってしまうであろう。だが、だからこそ小磯が回想の合間に時折見せる、ふと現実に戻った時に書かれた寂しげな文章が読者の心に染み入るものとなるのである。

小磯のこの本は首相の回想録であり、重要な資料である。ただ基本的には資料の制約の中で記憶を頼りに思い出しながら書かれたものである。細かい詳細について旧知の人や関連する記録に当たることは叶わなかった。そのために本書については小磯の事実誤認や記憶違いなども指摘されており、その点は留意せねばならない。

本書の基本的な性格は活気のある一軍人の回想録というものである。ある山形の郷土史家はこの『葛山鴻爪』について、小磯の偉大さは首相や陸軍大将になったことよりも終身刑の獄中でこのように「楽し気」に文章を書けたことにある、と評したという（『怒り宰相小磯国昭』二二二頁）。的確な指摘である。陸大で教官に睨まれたり、上司に疎んじられたり、陸軍の派閥争いのとばっちりを食ったり、といった事柄も小磯はやわらかい筆でまとめている。

だがそんな本書の中で、東京裁判に関わる三月事件や木戸日記、小磯内閣の部分だけが異質なのである。陥れられた悔しさを小磯は隠そうとはしない。大川周明の杜撰なクーデター計画などに軍務局長の自分が安易に乗るはずがないではないか（玄之巻一「所謂三月事件」）。しかも検察側は大川の法螺話を共同謀議の立証の根拠にしようとさえするのである。また、犬養健君は犬養首相の暗殺を軍部の反感によるものとしているが、満州問題解決の積極論者であり、臨時軍事費の支出も認めていた犬養に対して少なくとも陸軍は不満を持つ理由はなく、犬養首相を嫌うというような空気は絶対になかったのである。暗殺の原因は他に求められるべきである（玄之巻二「満州事変」）。木戸日記に対する不満は小磯内閣の際の不協力についてである。重臣連は矢面には立たないのに密議を繰り返し、小磯は二階に登って梯子を外された格好となった。小磯は獄中で「木戸日記」を読んでようやくその背景を知ったのである（黄之巻二「永田町一丁目」）。

小磯内閣の成立に際し、小磯と米内に協力して内閣を組織するよう大命が下ったというのは有名な話である。

以前に米内内閣で小磯が拓相として入閣していたということもあって、小磯内閣は小磯に近い友人・幕僚の他には旧米内内閣の閣僚を多く入れて成立した。だが、小磯の対ソ交渉や対支和平工作に対しては重光外相の反対やサボタージュがあり、他の閣員の不協力や軍からの情報の遅れもあり、米内も協力的とは言い難かった。

これらの不満が首相時代についての記述を濁らせている。ただそれは本書の一部であり、全体の基調となる叙述はあくまでも「楽し気」な回想である。

小磯は秀才という型ではなく、陸士で同期の杉山元とは対照的と言われた（『杉山元と小磯国昭』）。軍人にも事務の得意な副官型と人望のある隊長型というのがあり、二人はその典型である。ただ小磯は軍政や政治面での評価も高かった。小磯の父は役人で地方を廻り、小磯の子供の頃は転勤続きであった。郷里山形県で郡長を務め、一時期は衆議院議員となった事もある。政治関係の才覚はその影響もあるのだろう。

秀才でないというだけでなく、小学校でも中学校でも中の上といった成績であったと回想しているからあまり利発さを前面に出すタイプではなかったのだろう。山形中学卒業後の陸軍士官学校の入学試験も補欠での合格であったという。陸士でも抜群とはいかなかった。日露戦争で前線への従軍を経た後に陸大に入学する。

陸大での戦術演習や師団対抗演習などを小磯は楽しみ、卒業後の任意参加の演習旅行にも度々参加をしていた。そこでは教官が正攻法・中央突破を正解とするのに対して、小磯の解答は日露戦役の経験などから迂回し包囲戦を試みることが多かったという。彼の性格を表しているのであろう。日露戦争での経験から自らの主張を述べた小磯は教官に睨まれ、陸大の卒業席次も中程度であった。

だが陸大卒業後に小磯はその評価を高めていく。支那・満州での調査に従事し、参謀本部でも調査業務に携わる。その際に班内でまとめ、小磯の名義で発表した『帝国国防資源』で注目を集めた。これは欧州大戦の結果を受けて、日本の物資や動員の計画について論じたものであった。対馬海峡の海上封鎖に備えて、壱岐・対馬を中継地とした海底トンネル建設という奇抜な案でも注目を集めたという。

次いで創設初期の陸軍航空本部に配置され、軍備近代化の必要と予算の制約から、陸軍四個師団の削減を提案した。この軍縮案は彼が連隊長に転出してから実現することになる。だが何の因果か、当の小磯が率いていた伊勢久居の連隊が連隊削減の対象となり、涙の連隊旗返還の場面を迎えることとなる。

彼が広く世間に、陸軍の外にまで知られるようになったのは軍務局長としての満州事変への対処によってであった。同期で当時陸軍次官であった杉山元との評価も逆転することになる。小磯は陸軍と外務省の定期的な連絡協議会を開き、軍事と外交の調和提携に成功し、内外から高く評価された。

当時小磯の人物への評価は高まっていたが、陸軍の中の派閥争いなどに絡んで小磯の三月事件への関与を示唆する怪文書などが撒かれ、それに足を引っ張られた。再三予備役編入の噂が流れ、遂に朝鮮軍司令官を最後に現役を退くこととなった。

だが、小磯は大陸経綸を持った存在として平沼・米内両内閣の拓相として入閣することとなった。そして朝鮮総督を経て、大命を受けるに到ったのである。

首相としての小磯について争点となっているのが国務と統帥の関係についてである。小磯は首相就任時に陸相兼摂を望まず、最高戦争指導会議による関与に留めた。その後内閣の末期になってから陸相兼摂を望んだが叶わなかった。その理由として、第一に（拓相の経験しかない）小磯には首相に情報が十分に入ってこないということがわかっていなかったということがあり、第二に前任の東条は陸相を兼ねてはいても必ずしも十分に連絡がなされてはいなかったということがあるだろう。だが、それをもって小磯の失敗と言うわけにはいかない。

この『葛山鴻爪』を通して読むと、首相としての小磯の判断の伏線として、国務と統帥の連絡は必要であるにしても、その区分は必要と考えていたことがわかる。一定以上の統帥への干渉は好んでいない。もし統帥の独立が崩れたならば、第一次大戦のフランスの司令官に対して政治家や議員達までが干渉を行い、作戦が全く立てられなくなったという悪しき前例と同様の事態になってしまうだろう（玄之巻一「大本営の編成と陸大の機構」）。小磯がこの問題について鈍感であったという訳ではない。『帝国国防資源』の執筆など、小磯は早くからこの「国務と統帥の関係」という問題の重要性を理解していた。しかし、それでもできる限り干渉を避け、協力によってそれを円滑なものと為そうとしたのである。だが、レイテで決戦のはずがルソンへ、沖縄へ、と決戦の予定についてさえ首相への事前の相談がなされないという事態に至って、遂に小磯も堪忍袋の緒が切れ、陸相兼摂を望むようになったのである。

小磯内閣を戦争継続と和平工作の間ではっきりと行動しなかったと批判するのも小磯にとっては納得しがたいであろう。小磯が首相に奏推されたのも戦争継続が前提であったからである。軍としても、海軍は敗北したが、陸軍には負けたという気分がない。和平工作の準備が為されるべきことは勿論であるが、戦況に比して不利な段階での和平は妥当な選択と考えられてはいなかったのである。

以上、小磯内閣への非難に対する反駁の書としても、昭和期の一軍人の回想録としても、この『葛山鴻爪』が読みごたえのある著作であるのは間違いないであろう。

29

鈴木貫太郎

鈴木貫太郎
生没年：1867. 12. 24～1948. 4. 17
在任期間：1945. 4. 7～1945. 8. 17

『鈴木貫太郎伝』

編者　鈴木貫太郎伝記編纂委員会
発行所　鈴木貫太郎伝記編纂委員会
発行年　一九六〇年

苅部　直

「大東亜戦争」の末期、一九四五（昭和二十）年四月に、数え歳七十九の高齢で内閣総理大臣となった海軍大将、鈴木貫太郎について、首相としての在任中の評判は、必ずしも芳しいものではなかった。

組閣にあたっての談話を「諸君も亦、私の屍を踏み越えて起つの勇猛心を以て、新たなる戦力を発揚し、倶に宸襟を安んじ奉られんことを希求して止みませぬ」と結んだことは、陸軍の一億玉砕論への同調と解され、戦争の早い終結をひそかに望んでいた人々を失望させた。老年にあって耳が遠く、議会に臨んでも、内閣書記官長の迫水《さこみず》久常がさしだすメモと資料を見ながら、悠然と質問に答えるその姿は、議員たちから「ロボット」と揶揄されたのである。

『鈴木貫太郎伝』の執筆者である高宮太平《たへい》（一八九七年～一九六一年）もまた、この仕事をひきうける前に著した本、『天皇陛下』（一九五一年）では、やや辛い評価を下していた。「彼は自ら認めてゐるやうに政治の技術は極めて下手であつた。力を抜かなければならぬ所に力んでみたり、身をかはすべきときに正面に立ち塞がつたり、頗る外見のわるいジグザグコースを辿つた。従つて表面の言動だけを見てゐるものには、容易に真意が把握できず、物議をかもしたことも幾度かあつた」。

鈴木はそもそも日米開戦に反対であり、首相に就任したときから、その「真意」が早期和平に向いており、昭和天皇も同じように考えていると見通していた。先に引いた談話についても、「余に大命が降った以上、機を見て終戦に導く、そうして殺される」というみずからの覚悟を語ったものであったことを、終戦後に公刊した回想『終戦の表情』(労働文化社、一九四六年、『鈴木貫太郎自伝』に再録)で明らかにしている(本伝記二〇四頁にも引用)。それを戦後の高宮はすでに知っており、高く評価するものの、伝記の執筆にとりくむまで、鈴木の「政治の技術」については疑問符をつけていたのである。

だが、鈴木に親しく接した人々の回想は、村夫子然として「真意」をとらえがたい外貌の奥にあったものを、克明に伝えている。たとえば文部官僚から転じて宮内省に入り、戦後にはお茶の水女子大学の初代学長を務めた、野口明(一八九五年〜一九七九年)の文章にはこうある。

「鈴木さんと云う人は、純情な誠実さと、底の知れない深さとを、矛盾させないで持って居られた。あの日本人離れをした堂々たる体軀から受ける重厚さも手伝って、恰も厚手の大井のような感じのする人であった。」(「鈴木貫太郎さんの想出」一九五五年)

鈴木は、海軍次官、連合艦隊司令長官、海軍軍令部長と、海軍での出世街道を昇りつめたあと、一九二九(昭和四）年から、二・二六事件のさいに襲撃されて負傷し、退任するまで、八年のあいだ、侍従長として昭和天皇の側に仕えていた。野口の言葉は、やはりこのころ侍従として、部下の立場で、その挙措にふれた経験から発している。

政治家としての成熟という点から鈴木の生涯を見るならば、この宮中時代が、大きな転機になったと言える。侍従長として仕えている間に、田中義一首相が天皇から叱責され辞任する事件が起こり、またみずからもロンドン軍縮条約の批准に対する、海軍軍令部長、加藤寛治の反対上奏をやめさせようとしたことは、いやおうなしに鈴木を政治抗争の嵐にまきこんだ。その結果、強硬派の軍人たちから「君側の奸」として敵視され、二・二六事件のとき、自宅を襲われ銃撃によって瀕死の重傷を負うことになる。

しかしこの苛酷な経験は、鈴木の政治技術に、いっそうの老練さを加えたように思われる。もともと慎重な生来の気質や、軍人としての人生経験から、政治に進んでかかわることを控え、生涯にわたって政治は苦手と公言していた。だが、そうした人物が、昭和天皇の深い信頼をえて、首相に任命されたのちには、戦時の困難な状況下で、和平への道をきりひらいてゆく。

もしこのとき、停戦をはっきりと口にしたならば、たちまち強硬派の軍人による政府顚覆を引き起こしてしまうだろう。それを避けるため、また降伏条件に関する米英の譲歩を少しでもひきだすため、徹底抗戦論に見える言動をとりながら、水面下では連合国との交渉の道を探り、やがて天皇の「聖断」による降伏へと、国家を導いていったのである。ソ連による仲介に期待をかけ、ポツダム宣言に対しても「ただ黙殺するのみである」という談話を発表してしまった点は、のちに批判を招くことになるが、このねばり強い政治手法をもたない首相がもし局にあたっていたなら、終戦の過程がずっと大きな混乱に満ちていたことは、まちがいない。

鈴木は、かつて日清戦争・日露戦争にさいしては、敵の間近にまで艦を踏みこませ、魚雷を確実に命中させる勇猛さで注目をあび、「鬼貫」と畏怖された人物である。その反面、たとえば、巡洋艦「春日」の副長として日露の黄海海戦に臨んださいには、会戦のあいまに悠々と昼食をとり、食後の葡萄酒まで嗜んで眠っているうち、戦闘が再開していたという逸話に見られるように、飄々とした気風が、その人格には漂っている。首相として戦時議会に出席し、議員たちからの烈しい倒閣攻撃にあっても、控え室にしりぞけば、好きな葉巻煙草を悠然とふかし、新聞を眺めていたという。

まっしぐらに実践へつきすすむ強い意志と、それを突き放して眺める余裕と、この両者が、鈴木の人格には整然と同居している。そこからは、どんなに緊迫した状況におかれても、自分と周囲とを距離をもって見つめ、広い視野から行動方針を決めてゆく、成熟したリアリズムの感覚が生まれることになった。鈴木は日米間の全体戦争のさなかにも、小堀桂一郎がその鈴木の評伝で指摘するように、敵方であるローズヴェルト大統領の逝去に哀悼の意を示し、戦時議会に臨んでの演説に「太平洋は名の如く平和の海にして」との一句をもりこむことになる。そこには、情勢を遠望しながら理想を貫く思考が、しっかりと息づいていた。

こうしたリアリズムの感覚は、一つには軍人としての素養がもたらしたものであろう。鈴木は若い頃から、欧米の軍事書はもちろん、『孫子』『呉子』といった漢籍の兵書にも親しんでいた。『終戦の表情』では、軍部が無謀な日米開戦にふみきったのは、「総合的な戦術見通し等」が欠けていたせいだとし、カール・フォン・クラウゼヴィッツの『戦争論』や、ハンス・F・L・ゼークトの戦術ばかりを研究して、『孫子』のような「肝心の東洋の兵法」を顧みない弊を指摘している。

だが同時にまた、複雑に入りくんだ現実の中に身をおきながら、それを突き放す姿勢には、やはり愛読していた『老子』が説く、「無為自然」の教えの深い影響がよみとれる。首相の在任中、執務室の机に置いていたのは、『老子』の和装本のみであり、その中の一句「大国を治むるは小鮮を烹《に》るが若し」（第六十章。本伝記一八六頁では「大国を治むる者は」となっている）を、日ごろ愛誦していたという。小さな魚を煮るさい、やたらとつつきまわし形を崩さないよう気をつけるのと同じように、国を治めるのにも、よけいな工作をあれこれめぐらすべきではない、という意味である。じっくりと機をうかがいながら終戦へ国を導いていった、鈴木の政治指導のあり方を、まさしく思い起こさせる。

一九四八（昭和二十三）年四月、鈴木が肝臓癌で逝去したさいの臨終の言葉は、「永遠の平和、永遠の平和」だったという。それは、太平洋を「平和の海」と呼び、日米の和平に賭けた信念がほとばしらせた言葉であっただろうが、その根柢にもやはり、老子が「天は長《とこしな》えに、地は久し」（第七章）と説く、悠久としてのびやかに続いてゆく天地自然への信頼が、横たわっていなかっただろうか。

この伝記は、「序に代えて」に記されているように、鈴木内閣の情報局総裁であった下村宏（海南）を中心とする伝記編纂委員会が、鈴木の十三回忌にあたり自主刊行したものである。執筆には、高宮太平があたっている。昭和初期（一九二四～四〇年）に下村と同じ朝日新聞社に属して、陸軍省づめの政治部記者として活躍し、戦後は著述業のかたわら、やはり朝日出身の政治家、緒方竹虎の私設秘書も務めていた人物である。ほかに首相の評伝として、『米内光政』（一九五八年）も著わしている。刊行のほぼ一年後に高宮は亡くなり、この書物がほとんど最後の仕事になったが、「新憲法の制定」の節で、占領軍による憲法草案おしつけをきびしく批判するところに、国粋主義者を自任していた、その個性がうかがえる。本書ののちも、小堀桂一郎『宰相鈴木貫太郎』（初刊一九八二年）、半藤一利『聖断――昭和天皇と鈴木貫太郎』（初刊一九八五年）といった、鈴木の評伝がいくつか刊行され、新たな事実も明らかになっているが、いまもなお、鈴木の生涯をたどるための、もっとも豊富な情報源がこの伝記であることは、疑いを容れない。

参考文献

（各執筆者が推薦する、正伝、代表的伝記、史料及び政治史文献リスト）

1　伊藤博文

『伊藤公』　鶴城散士著、盛林堂、一九〇九年
『伊藤公実録』　中原邦平著、啓文社、一九〇九年
『藤公余影』　古村久綱著、民友社、一九一〇年
『藤公美談』　里村千介著、精華堂書店、一九一七年
『伊藤博文秘録』正・続　平塚篤編著、春秋社、一九二九・三〇年　（復刻版）原書房、一九八二年
『秘書類纂』全二七巻　秘書類纂刊行会、一九三三〜一九三六年　（復刻版）原書房、一九七〇年　（別校訂版、一冊のみ）北泉社、二〇〇二年
『伊藤公直話』　小松緑著、千倉書房、一九三六年
『伊藤公と山県公』　小松緑著、千倉書房、一九三六年
『伊藤公を語る』　金子堅太郎著、興文社、一九三九年
『伊藤博文伝』上・中・下　春畝公追頌会編、統正社、一九四〇年　（復刻版）原書房、一九七〇年
『近代日本の政治家』　岡義武著、文藝春秋新社、一九六〇年　後に岩波現代文庫、二〇〇一年
『明治立憲政と伊藤博文』　ジョージ・アキタ著、東京大学出版会、一九七一年
『伊藤博文関係文書』一〜九　伊藤博文関係文書研究会編、塙書房、一九七三〜一九八一年
『明治国家形成と地方経営』　御厨貴著、東京大学出版会、一九八〇年
『原敬日記』　原奎一郎編、福村出版、一九八一年
『伊藤博文と明治国家形成』　坂本一登著、吉川弘文館、一九九一年
『日清戦争への道』　高橋秀直著、東京創元社、一九九五年
『伊藤博文の情報戦略』　佐々木隆著、中央公論社（新書）、一九九九年
『立憲国家の確立と伊藤博文』　伊藤之雄著、吉川弘文館、一九九九年

『立憲国家と日露戦争』　伊藤之雄著、木鐸社、二〇〇〇年
『近代日本の東アジア政策と軍事』　大澤博明著、成文堂、二〇〇一年
『明治国家の完成』　御厨貴著、中央公論新社、二〇〇一年
『明治人の力量』　佐々木隆著、講談社、二〇〇二年
『末松子爵家所蔵文書』上・下　堀口修・西川誠監修、ゆまに書房、二〇〇三年
『文明史のなかの明治憲法』　瀧井一博著、講談社（講談社選書メチエ）、二〇〇三年

2　黒田清隆

『環游日記』上・中・下　黒田清隆著、一八八七年（復刻版）ゆまに書房、『明治欧米見聞録集成』第五〜七巻所収、一九八七年
『漫游見聞録』上・下　黒田清隆著、一八八八年（復刻版）ゆまに書房、『明治シルクロード探検紀行文集成』第七・八巻所収、一九八八年
『黒田清隆とホーレス・ケプロン―北海道開拓の二大恩人その生涯とその事蹟』　逢坂信悟著、北海タイムス社、一九六二年
『黒田清隆履歴書案』（謄写版）　井黒弥太郎編、北海道郷土研究資料第一一、北海道郷土資料研究会、一九六三年
『黒田清隆―埋れたる明治の礎石』　井黒弥太郎著、みやま書房、一九六五年
『黒田清隆』　井黒弥太郎著、吉川弘文館（人物叢書新装版）、一九八七年
『CD―ROM版　黒田清隆関係文書』解説I　犬塚孝明編、北泉社、二〇〇二年

3　山県有朋

『山県公のおもかげ』　入江貫一著、博文館、一九二二年（増補新版）偕行社、一九三〇年
『山県元帥追憶百話』　偕行社、一九三〇年
『公爵山県有朋伝』全三巻　徳富蘇峰編、山県有朋公記念事業会、一九三三年（復刻版）原書房、一九六九年
『山県有朋―明治日本の象徴―』　岡義武著、岩波書店（新書）、一九五八年
『山県有朋意見書』　大山梓編、原書房、一九六六年
『大正初期山県有朋談話筆記　政変思出草』　入江貫一著・伊藤隆編、山川出版社（近代日本史料選書2）、一九八一年

4　松方正義

『明治財政史』一―一五、明治財政史編纂会編、財政経済学会、一九〇四―〇五年
『侯爵松方正義卿実記』中村徳五郎編、一九二一年稿了（藤村通監修『松方正義関係文書』一―五として刊行）
『公爵松方正義伝』乾・坤　徳富蘇峰編、公爵松方正義伝記発行所、一九三五年（復刻版）明治文献、一九七六年　鳳文書館、一九九〇年
『我が交遊録』徳富蘇峰著、中央公論社、一九三八年　同『蘇翁夢物語』中公文庫、一九九〇年
『自叙益田孝翁伝』長井実編、一九三九年　後に中公文庫、一九八九年
『松方正義　日本財政のパイオニア』藤村通著、日本経済新聞社、一九六六年
『松方正義関係文書』第一～一八、別、補　松方峰雄編、藤村通他監修、大東文化大学東洋研究所、一九七九～二〇〇一年

5　大隈重信

『大隈侯八十五年史』第一～三巻　大隈侯八十五年史編纂会、一九二六年（復刻版）原書房、一九七〇年
『大隈重信関係文書』第一～五巻　日本史籍協会、一九三二～一九三四年（復刻版）東京大学出版会、一九七〇年、一九八三～一九八四年
『大隈重信伝』馬場恒吾著、改造社、一九三二年
『文書より観たる大隈重信侯』渡辺幾治郎著、故大隈侯国民敬慕会・早稲田大学出版部、一九三二年
『大隈重信―新日本の建設者―』渡辺幾治郎著、照林堂書店、一九四三年
『明治文明史における大隈重信』柳田泉著、早大出版部、一九六二年
『大隈重信』中村尚美著、吉川弘文館（人物叢書新装版）、一九八六年
『大隈重信とその時代―議会・文明を中心として』早稲田大学大学史編纂所編、早稲田大学出版部、一九八九年
『大隈重信と政党政治』五百旗頭薫著、東京大学出版会、二〇〇三年

6　桂太郎

『公爵桂太郎』坂本箕山著、大江書房、一九一三年

『公爵桂太郎伝』乾・坤　徳富蘇峰編、故桂公爵記念事業会、一九一七年（復刻版）原書房、一九六七年
『桂太郎自伝』宇野俊一校注、平凡社（東洋文庫五六三）、一九九三年

7　西園寺公望

『陶庵随筆』国木田独歩編、新声社、一九〇三年　後に中公文庫、一九九〇年
『西園寺公望伝』木村毅著、伝記刊行会、一九三七年
『小泉三申全集』第三巻（随筆西園寺公）小泉策太郎著、岩波書店、一九三九年
『陶庵公清話』原田熊雄編、岩波書店、一九四三年
『西園寺公』竹越与三郎著、鳳文書林、一九四七年
『西園寺公望』木村毅著、沙羅書房、一九四八年
『西園寺公と政局』第一～八、別巻　原田熊雄述、岩波書店、一九五〇～一九五二、一九五六年
『近代日本の政局と西園寺公望』中川小十郎著、後藤靖・鈴木良校訂、吉川弘文館、一九八七年
『西園寺公望伝』第一～四、別一、二巻　立命館大学西園寺公望伝編纂委員会、一九九〇～一九九七年
『西園寺公望と明治の文人たち』高橋正著、不二出版、二〇〇二年
『西園寺公望―最後の元老』岩熊忠熊著、岩波書店（新書）、二〇〇三年
『青年君主昭和天皇と元老西園寺』永井和著、京都大学学術出版会、二〇〇三年
『政党内閣制の成立　一九一八～二七年』村井良太著、有斐閣、二〇〇五年

8　山本権兵衛

『伯爵山本権兵衛伝』上・下　故伯爵山本海軍大将伝記編纂会、一九三八年（復刻版）原書房、一九六八年
『人間山本権兵衛』中村嘉寿著、軍事教育研究会、一九四三年
『山本権兵衛と海軍』海軍大臣官房編、一九六六年、原書房

9　寺内正毅

『元帥寺内伯爵伝―伝記・寺内正毅』　黒田甲子郎編、元帥寺内伯爵伝記編纂所、一九二〇年（復刻版）大空社、一九八八年
『寺内正毅関係文書、寺内正毅内閣関係資料、寺内正毅日記』　京都女子大研究叢刊五、九、一〇　山本四郎編、一九八〇年、一九八四、一九八五年

10　原敬

『平民宰相原敬』　井上雅二著、三松堂出版部、一九二一年
『平民大宰相原敬』　佐藤亮太郎著、現代公論社、一九二一年
『我が見たる原敬首相の面影』　田村直臣著、警醒書房、一九二二年
『大平民原敬』　佐藤国三郎著、一九二三年
『原敬』　伊藤痴遊著、革新時報社出版部、一九二六年
『原敬全集』全二巻　原敬全集刊行会、一九二九年（復刻版）原書房、一九六九年
『原敬』　矢野滄浪著、滄浪書屋、一九三八年
『原敬伝』上・下巻　前田蓮山著、高山書院、一九四三年
『原敬日記』全九巻　原奎一郎編、乾元社、一九五〇年（復刻版）全六巻、福村出版、一九六五～一九六七年（影印版）全一七巻、北泉社
『原敬百歳』　服部之総著、朝日新聞社、一九五五年　後に中公文庫、一九八一年
「原敬」（『近代日本の政治家』）　岡義武著、一九六〇年、文藝春秋新社　後に岩波現代文庫、二〇〇一年
『日本政党政治の形成―原敬の政治指導の展開』　三谷太一郎著、東京大学出版会、一九六七年（増補）一九九五年
『原敬―政治技術の巨匠』　テツオ・ナジタ著、読売新聞社、一九七四年
『原敬関係文書』全一〇巻・別巻　原敬文書研究会編、一九八四～一九八九年
「政党領袖と地方名望家―原敬と盛岡市・岩手県の場合」（『年報政治学』一九八四）　宮崎隆次著、岩波書店、一九八五年
『原敬―転換期の構想』　川田稔著、未来社、一九九五年
『評伝原敬』　山本四郎著、東京創元社、一九九七年

『原敬と立憲政友会』　玉井清著、慶應義塾大学出版会、一九九九年
『政党と官僚の近代―日本における立憲統治構造の相克―』　清水唯一朗著、藤原書店、二〇〇七年

11　高橋是清

『是清翁一代記』上・下　大阪朝日新聞社、一九二九、一九三〇年
『立憲政友会史第五巻　高橋是清総裁時代』　菊地悟郎編・川村竹治監修、一九三三年（復刻版）山本四郎校訂、一九九〇年
『高橋是清翁八十年史』　立憲政友会本部編、一九三四年
『高橋是清』　小杉健太郎著、千代田書院、一九三五年
『随想録』　上塚司編、千倉書房、一九三六年（改題復刻版）本の森、一九九九年
『高橋是清自伝』　千倉書房、一九三六年　後に中公文庫、一九七六年
『高橋是清―偉人読本』　田村栄著、建設社、一九三七年
『高橋是清』　今村武雄著、時事通信社、一九四八年
『評伝高橋是清』　今村武雄著、財政経済弘報社、一九五〇年
『芳塘随想第九集　高橋是清翁のこと』　津島寿一著、芳塘刊行会、一九六二年
『高橋是清』　南条範夫著、人物往来社、一九六七年
『高橋是清』　大島清著、中央公論社（新書）、一九六九年（復刻版）中央公論新社（新書）、一九九九年
『波瀾万丈―高橋是清　その時代』上・下　長野広生著、東京新聞出版局、一九七九年
『高橋是清と国際金融』上・下　藤村欽次朗著、福武書店、一九九二年
『高橋是清と昭和恐慌』　木村昌人著、文藝春秋（新書）、一九九九年

12　加藤友三郎

『加藤友三郎』　新井達夫著、時事通信社、一九五八年（改題新装版）『日本宰相列伝9』、一九八五年
『蒼茫の海　軍縮の父　提督加藤友三郎の生涯』　豊田穣著、プレジデント社、一九八三年

13 清浦奎吾

『清浦男爵産業論集』 清浦奎吾述・神山潤次編、博文館、一九〇六年
『清浦伯爵警察回顧録』 清浦奎吾述・警察協会編、警察協会、一九二九年
『伯爵清浦奎吾伝』上・下巻 井上正明編、伯爵清浦奎吾伝記刊行会、一九三五年
『清浦奎吾小伝』 清浦奎吾顕彰会、一九八六年

14 加藤高明

『加藤高明』 杉謙二編、加藤高明伝刊行会、一九二六年
『加藤高明伝』 伊藤正徳著、加藤伯伝記編纂委員会、一九二八年（復刻版）大空社、一九九五年
『加藤高明伯小伝』 加藤伯銅像建設会、一九二八年
『加藤高明』 伊藤正徳著、加藤高明伯伝記編纂委員会、一九二九年（復刻版）原書房、一九七〇年
『加藤高明』 近藤操、時事通信社、一九五九年
『日本の外交政策 一八六九～一九四二―霞が関から三宅坂へ』 イアン・ニッシュ著（宮本盛太郎監訳）、ミネルヴァ書房、一九九四年
『大正政治史の出発―立憲同志会の成立とその周辺』 櫻井良樹著、山川出版社、一九九七年
War and National Reinvention: Japan in the Great War, 1914-1919, Frederick R. Dickinson, Cambridge: Harvard University Press, 1999
『加藤高明と政党政治 二大政党制への道』 奈良岡聰智著、山川出版社、二〇〇六年

15 若槻礼次郎

『古風庵回顧録』 若槻礼次郎著、読売新聞社、一九五〇年 後に講談社学術文庫、一九八三年
『若槻礼次郎・浜口雄幸』 青木得三著、時事通信社、一九五八年（改題新装版）『日本宰相列伝11』、一九八六年
『男爵若槻礼次郎談話速記 政治談話速記録』第八巻 広瀬順晧監修、ゆまに書房、一九九九年

16 田中義一

『田中義一論』 矢野滄浪著、時事評論社、一九二七年

『田中義一―宰相となるまで』保利史華（茂）著、第一出版社、一九二八年
『立憲政友会史第六巻　田中総裁時代』菊地悟郎編・川村竹治監修、立憲政友会史編纂部、一九三三年（復刻版）山本四郎校訂、日本図書センター、一九九〇年
『田中義一伝記』全三冊　田中義一伝記刊行会、一九五七〜一九六〇年（復刻版）全二冊　原書房、一九八一年
『田中義一』細川隆元著、時事通信社、一九五八年（改題新装版）『日本宰相列伝12』、一九八六年
『没後五十年　田中義一追憶集』元総理大臣田中義一顕彰会、一九七八年
『評伝　田中義一』田崎末松著、平和戦略綜合研究所、一九八一年
『近代日本の政軍関係　軍人政治家田中義一の軌跡』纐纈厚著、大学教育社、一九八七年

17　浜口雄幸

『大宰相浜口雄幸』加藤鯛一著、文武書院、一九二九年
『浜口雄幸』藤村健次著、日吉堂本店、一九三〇年
『更生―内閣総理大臣浜口雄幸』北条為之助著、大成通信社、一九三一年
『浜口雄幸伝』関根実著、浜口雄幸伝刊行会、一九三一年（復刻版）大空社、一九九五年
『父浜口雄幸』北田悌子著、日比谷書房ほか、一九三二年
『男子の本懐』城山三郎著、新潮社（文庫）、一九八三年（新装版）二〇〇二年
『浜口雄幸　日記・随想録』池井優ほか編、みすず書房、一九九一年
『浜口雄幸集　論述・講演篇、議会演説篇』浜口雄幸述・川田稔編、未来社、二〇〇〇年、二〇〇四年

18　犬養毅

『高人犬養木堂』内海信之著、文正堂出版部、一九二四年
『犬養木堂』東京木堂会編、大野万歳館、一九三〇年
『犬養毅伝』犬養毅伝刊行会編、一九三二年
『犬養木堂伝』犬養木堂伝刊行会編、大京社、一九三二年

『木堂先生写真伝』鷲尾義直編、木堂雑誌社出版部、一九三二年（復刻版）交研社、一九七五年
『犬養木堂伝』上・中・下　鷲尾義直編、東洋経済新報社、一九三八〜一九三九年（復刻版）原書房、一九六九年
『犬養毅―リベラリズムとナショナリズムの相克』時任英人著、論創社、一九九一年
『明治期の犬養毅』時任英人著、芙蓉書房出版、一九九六年

19　斎藤実

『斎藤実伝』広岡宇一郎編、斎藤実伝刊行会、一九三三年
『斎藤子爵を偲ぶ』中村健太郎著、朝鮮仏教社、一九三七年
『子爵斎藤実伝』全四巻　斎藤子爵記念会、一九四一〜一九四二年
『斎藤実』有竹修二著、時事通信社、一九五八年（改題新装版）『日本宰相列伝14』、一九八六年
『斎藤実追想録』斎藤実元子爵銅像復元会、一九六三年
『斎藤実夫妻を偲ぶ』斎藤実記念館建設実行委員会、一九七五年

20　岡田啓介

『岡田啓介回顧録』岡田啓介著、毎日新聞社、一九五〇年　後に中公文庫、一九八七年（改版、二〇〇一年）
『最後の重臣　岡田啓介　終戦和平に尽瘁した影の仕掛人の生涯』豊田譲著、光人社、一九九四年
『宰相　岡田啓介の生涯　二・二六事件から終戦工作』上坂紀夫著、東京新聞出版局、二〇〇一年

21　広田弘毅

『広田弘毅伝』岩崎栄著、新潮社、一九三六年
『広田内閣』広田内閣編纂所、一九三六年
『広田弘毅』広田弘毅伝記刊行会、一九六六年（復刻版）葦書房、一九九二年
『落日燃ゆ』城山三郎著、新潮社、一九七四年　後に新潮文庫、一九八六年
『黙してゆかむ―広田弘毅の生涯』北川晃二著、講談社、一九七五年

『秋霜の人広田弘毅』　渡辺行男著、葦書房、一九九八年

22　林銑十郎

『林銑十郎伝』　樺山友義著、北斗書房、一九三七年
『林銑十郎　上　その生涯と信条』　宮村三郎著、原書房、一九七二年
『林銑十郎　満洲事件日誌』　高橋正衛解説、みすず書房、一九九六年

23　近衛文麿

『裸像・近衛文麿』　伊藤金次郎著、新聞時代社、一九四〇年
『近衛内閣史論―戦争開始の真相』　馬場恒吾著、高山書院、一九四六年
『公爵近衛文麿』　立野信之著、大日本雄弁会講談社、一九五〇年
『近衛日記』　共同通信社「近衛日記」編纂委員会、共同通信社開発局、一九六八年
『近衛文麿―「運命」の政治家』　岡義武著、岩波書店（新書）、一九七二年
『濁流　雑談＝近衛文麿』　山本有三著、毎日新聞社、一九七四年（のち、土屋文明・高橋健二編『山本有三全集』第一二巻、新潮社、一九七七年所収）
『近衛文麿』　杉森久英、河出書房新社、一九八六年　後、上・下巻に分冊されて河出文庫、一九九〇年
『近衛文麿「六月終戦」のシナリオ』　道越治編著、松橋暉男・松橋雅平監修、毎日ワンズ、二〇〇六年

24　平沼騏一郎

『平沼騏一郎伝』　岩崎栄著、偕成社、一九三九年（復刻版）大空社、一九九七年
『平沼騏一郎先生逸話集』　平沼騏一郎先生逸話集刊行会、一九五八年

25　阿部信行

「阿部信行関係文書」　東京大学法学部近代日本法政史料センター所蔵

「日露戦争の世界史的意義」（『外交時報』一九三五年三月一日号）　陸軍大将阿部信行著、一九三五年
「時局の進展に伴ふ吾々の覚悟」（『東洋貿易研究』第一八巻第九号）　東亜同文会理事長阿部信行著、一九三九年
「事変処理の根本指標」（『改造』一九三九年一〇月号）　阿部信行著、一九三九年
「春日閑語」（『改造』一九四一年二月号）　阿部信行著、一九四一年
「大戦随感」（『改造』一九四二年一月号）　阿部信行著、一九四二号
「大東亜戦と中日関係」（『支那』第三三巻七号）　阿部信行著、一九四二年
『政治外交と軍部』（研究資料第百二〇号）　内外法政研究会編、年不明
『荒木貞夫と阿部信行　非常時の英雄と陸軍切つての軍政家』松下芳男著、今日の問題社、一九三五年
「阿部内閣論」（『改造』一九三九年一〇月号）　岩淵辰雄著、一九三九年
「阿部内閣人物論」（同右）　山浦貫一著、一九三九年
「阿部内閣の運命」（『改造』一九三九年一二月号）　岩淵辰雄著、一九三九年
「［新閣僚人物月旦］阿部、畑、吉田」（『科学主義工業』一九三九年一〇月号）　堀内達著、一九三九年
「阿部信行」（『昭和の宰相』）　有竹修二著、朝日新聞社、一九六七年
「阿部信行」（『歴代宰相物語』）　松本幸輝久著、アポロン社、一九六八年
「阿部信行」（『昭和の将帥』）　高宮太平著、図書出版社、一九七三年
「阿部内閣」（林茂・辻清明編『日本内閣史録4』）　堀真清著、第一法規、一九八一年
「翼賛政治会報」各号（『大政翼賛運動資料集成』第三巻・第四巻、柏書房、一九八八年
「阿部信行述『政治外交と軍部』の紹介」（『國學院大學図書館紀要』第八号）　柴田紳一著、一九九六年

26　米内光政

『常在戦場』　米内光政述・七田今朝一編、大新社、一九四三年
『山本五十六と米内光政』　高木惣吉著、文藝春秋新社、一九五〇年
『米内光政』　高宮太平著、時事通信社、一九五八年（改題新装版）『日本宰相列伝16』、一九八六年
『米内光政追想録』　原顕三郎・澤田壮吉著、米内光政銅像建設会、一九六一年

『海軍大将米内光政覚書』　高木惣吉・実松譲著　光人社　一九七八年
『米内光政』　阿川弘之著、新潮社、一九七八年　後に新潮文庫、一九八二年
『静かなる盾　米内光政』上・下　高田万亀子著、原書房、一九九〇年
『米内光政』　実松譲著、光人社、一九九三年
『米内光政の手紙』　高田万亀子著、原書房、一九九三年

27　東條英機

『大東亜戦争に直面して―東條英機首相演説集』　改造社、一九四二年
『天皇に責任なし責任は我に在り』　東京裁判研究会編、一九四八年
『東條英機』　東條英機刊行会、芙蓉書房、一九七四年
『東條英機と天皇の時代』上・下　保阪正康著、伝統と現代社、一九七九・一九八〇年　後に文春文庫、一九八八年
『東條英機とその時代』　矢次一夫著、三天書房、一九八〇年
『東條内閣総理大臣機密記録―東條英機大将言行録』　伊藤隆著、東京大学出版会、一九九〇年

28　小磯国昭

『航空の現状と将来』　小磯国昭、武者金吉著、文明協会編、一九二八年
「満州開拓の現状及将来」（『改造』一九四一年一〇月号）　小磯国昭著、一九四一年
『帝国国防資源』　参謀本部編、一九一七年
「荒木貞夫と小磯国昭」（『改造』一九三一年一二月号）　岩淵辰雄著、一九三一年
『杉山元と小磯国昭』　菅原節雄著、今日の問題社、一九三七年
「小磯国昭と田辺治通」（『日本評論』一九三九年五月号）　大森俊三著、一九三九年
「小磯国昭論」（『改造』一九三九年五月号）　菅原節雄著、一九三九年
「小磯出現の意義」（『改造』一九三九年五月号）　森東平著、一九三九年
「新拓相小磯国昭」（『中央公論』一九三九年五月号）　岩淵辰雄著、一九三九年

「米内・南・真崎・小磯」(『改造』一九三九年七月号)　山浦貫一著、一九三九年
「小磯国昭論」(『改造』一九四〇年一〇月号)　山浦貫一著、一九四〇年
「小磯国昭」(『昭和の宰相』)　有竹修二著、朝日新聞社、一九六七年
「小磯国昭」(『歴代宰相物語』)　松本幸輝久著、アポロン社、一九六八年
「小磯国昭」(『昭和の将帥』)　高宮太平著、図書出版社、一九七三年
「小磯内閣」(林茂・辻清明編『日本内閣史録4』)　福島新吾著、第一法規、一九八一年
『怒り宰相小磯国昭』　中村晃著、叢文社、一九九一年

29　鈴木貫太郎

『名将・鈴木貫太郎』　伊藤金次郎著、春陽堂、一九四四年
『天皇陛下』　高宮太平著、酣燈社、一九五一年
『木屛―高宮太平を偲んで』　高宮勝代著、私家版、一九六七年
『鈴木貫太郎自伝』　鈴木一編、時事通信社、一九六八年
『怒涛の中の太陽』　鈴木武編、私家版、一九六九年
『野口明文集』　日本弘道会、一九七九年
『宰相鈴木貫太郎』　小堀桂一郎著、文藝春秋、一九八二年　後に文春文庫、一九八七年
『平和の海と戦いの海―二・二六事件から「人間宣言」まで』　平川祐弘著、新潮社、一九八三年　後に講談社学術文庫、一九九三年
『聖断―昭和天皇と鈴木貫太郎』　半藤一利著、文藝春秋、一九八五年(副題は「天皇と鈴木貫太郎」)　後に文春文庫、一九八八年　(新装版)ＰＨＰ研究所、二〇〇三年　後にＰＨＰ文庫、二〇〇六年
『日本の政治指導と課題』　福島新吾著、未来社、一九九二年
『日露戦争後の日中関係―共存共栄主義の破綻』　馬場明著、原書房、一九九三年
「鈴木貫太郎の終戦指導」(『軍事史学』三十一巻一・二号)　波多野澄雄著、一九九五年
「昭和天皇と鈴木貫太郎―終戦への途」(『松阪大学政策研究』第二巻一号)　伊藤勲著、二〇〇二年

執筆者紹介（五十音順）

御厨　貴　みくりや・たかし

1951年生まれ。東京大学法学部卒。東京都立大学法学部教授、政策研究大学院大学教授を経て、現在、東京大学先端科学技術研究センター教授、放送大学客員教授。専攻、日本政治史。

（主要著作）『明治国家形成と地方経営』（東京大学出版会、1980年、東京市政調査会藤田賞）、『首都計画の政治』（山川出版社、1984年）、『政策の総合と権力』（東京大学出版会、1996年、サントリー学芸賞）、『馬場恒吾の面目－危機の時代のリベラリスト』（中央公論社、1997年、吉野作造賞、2005年、中央公論新社再版）、『日本の近代3　明治国家の完成』（中央公論新社、2001年）、『オーラル・ヒストリー』（中央公論新社、2002年）、『天皇と政治』（藤原書店、2006年）。

五百旗頭　薫　いおきべ・かおる

1974年生まれ。東京大学法学部卒業（学士）。東京大学法学部助手・講師、首都大学東京法学系（東京都立大学法学部）准教授を経て、現在、東京大学社会科学研究所准教授。専攻、日本政治外交史。

（主要著作）『大隈重信と政党政治』（2003年、東京大学出版会）。

（主要論文）「関税自主権の回復をめぐる外交と財政－明治初年の寺島宗則と大隈重信」（『日本政治研究』1巻1号、2004年）。

今津　敏晃　いまづ・としあき

1974年生まれ。東京大学大学院人文社会系研究科博士課程単位取得満期退学。現在、国立国会図書館憲政資料室非常勤調査員、関東短期大学非常勤講師。専攻、近代日本政治史、議会史。

（主要論文）「第一次若槻内閣下の研究会」（『史学雑誌』112篇10号、2003年）、「1925年の貴族院改革に関する一考察」（『日本歴史』679号、2004年）、「四條男爵家文書」（『東京大学日本史学研究室紀要』8号、2004年、共著）。

苅部　直　かるべ・ただし

1965年生まれ。東京大学大学院法学政治学研究科博士課程修了。博士（法学）。現在、東京大学大学院法学政治学研究科教授。日本政治思想史。

（主要著書）『光の領国　和辻哲郎』（創文社、1995年）、『丸山眞男－リベラリストの肖像』（岩波新書、2006年、サントリー学芸賞）。

佐藤　健太郎　さとう・けんたろう

1976年生まれ。東京大学大学院法学政治学研究科修士課程修了。修士（法学）。現在、同博士課程在学中。専攻、日本政治外交史。

（主要論文）「大正期の東北振興運動」（『国家学会雑誌』118巻3・4号、2005年）、「「東北」の視角から見た『正伝後藤新平』」（『環』24号、2006年）。

塩出　浩之　しおで・ひろゆき

1974年生まれ。東京大学大学院総合文化研究科博士課程修了。博士（学術）。現在、琉球大学法文学部専任講師。専攻、日本政治史。

（主要論文）「帝国議会開設前後における諸政党と大井憲太郎」（『史学雑誌』107篇9号、1998年）、「近代日本の移植民と政治的統合」（博士論文、2004年）、「議会政治の形成過程における『民』と『国家』」（三谷博編『東アジアの公論形成』東京大学出版会、2004年）。

清水　唯一朗　しみず・ゆいちろう

1974年生まれ。慶應義塾大学大学院法学研究科後期博士課程単位取得。博士（法学）。政策研究大学院大学ＲＡ、東京大学特任助手を経て、現在、慶應義塾大学総合政策学部専任講師。専攻は日本政治外交史。

（主要著作）『政党と官僚の近代ー日本における立憲統治構造の相克ー』（藤原書店、2007年）、『戦前日本の政治と市民意識』（慶應義塾大学出版会、2005年、共著）、『歴代首相物語』（新書館、2003年、共著）。

千葉　功　ちば・いさお

1969年生まれ。東京大学大学院人文社会系研究科博士課程修了。博士（文学）。昭和女子大学人間文化学部助教授。専攻、日本近現代史。

（主要論文）「満韓不可分論＝満韓交換論の形成と多角的同盟・協商網の模索」（『史学雑誌』105編7号、1996年）、「日露戦争の『神話』ー日露戦争とその後の日本社会ー」（小風秀雅編『日本の時代史　第23巻　アジアの帝国国家』吉川弘文館、2004年）など。

土田　宏成　つちだ・ひろしげ

1970年生まれ。東京大学大学院人文社会系研究科博士課程修了。博士（文学）。日本学術振興会特別研究員を経て、現在、神田外語大学外国語学部講師。専攻、日本近現代史。

（主要論文）「帝都防衛態勢の変遷」（上山和雄編著『帝都と軍隊』、日本経済評論社、2002年）、「戦前期陸海軍出身議員に関する予備的考察」（『史学雑誌』109篇3号、2000年）。

中澤　俊輔　なかざわ・しゅんすけ

1979年生まれ。東京大学大学院法学政治学研究科修士課程修了。修士（法学）。現在、同博士課程在学中。専攻、日本政治外交史。

（主要論文）「日露戦後の警察と政党政治」（『日本政治研究』2巻2号、2005年）。

西川　誠　にしかわ・まこと

1962年生まれ。東京大学大学院人文科学研究科博士課程中退。川村学園女子大学教授。専攻、日本近代史。

（主要著書）『日本立憲政治の形成と変質』（吉川弘文館、2005年、共編著）、『山県有朋関係文書』1・2巻（尚友倶楽部、2004・2006年、共著）。

牧原　出　まきはら・いづる

1967年生まれ。東京大学法学部卒。同助手を経て、現在、東北大学大学院法学研究科教授。東京大学先端科学技術研究センター客員教授。専攻は行政学・政治学。

（主要著書）著書『内閣政治と「大蔵省支配」』（2003年、中央公論新社、サントリー学芸賞）。『日本政治外交史一転換期の政治指導一』（放送大学教育振興会、2007年、共著）

（主要論文）「憲政の中の内閣官僚」（坂野潤治他編『憲政の政治学』東京大学出版会、2006年）等。

松本　洋幸　まつもと・ひろゆき

1971年生まれ。九州大学大学院比較社会文化研究科博士課程修了。現在、横浜開港資料館勤務。専攻、近代日本政治史、地域史。

（主要論文）「第二次護憲運動と清浦内閣」（『比較社会文化研究』第2号、1998年）、「大正前期・橘樹郡政の展開」（横浜近代史研究会・横浜開港資料館共編『横浜近郊の近代史』日本経済評論社、2002年）、「大企業の進出と地域社会－大正期の橘樹郡田島地域－」（『横浜開港資料館紀要』第22号、2004年）。

村井　良太　むらい・りょうた

1972年生まれ。神戸大学大学院法学研究科博士課程修了。博士（政治学）。日本学術振興会特別研究員を経て、現在、駒澤大学法学部准教授。専攻、日本政治外交史。

（主要著書）『政党内閣制の成立　一九一八～二七年』（有斐閣、2005年、サントリー学芸賞）。

（主要論文）「昭和天皇と政党内閣制」日本政治学会編『年報政治学2004』（岩波書店、2005年）。

米山　忠寛　よねやま・ただひろ

1979年生まれ。東京大学法学部卒。現在、東京大学大学院法学政治学研究科博士課程在学中。専攻、日本政治外交史。

（主要論文）「貿易行政機構の変遷とその意義」（『本郷法政紀要』14号、2005年）。

若月　剛史　わかつき・つよし

1977年生まれ。東京大学大学院人文社会系研究科修士課程修了。同博士課程在学中。専攻、日本近現代史。

（主要論文）「『法科偏重』批判の展開と政党内閣」（『史学雑誌』114編第3号、2005年）、「政党内閣期（1924～1932年）の予算統制構想」（『史学雑誌』115編第10号、2006年）、「高等中学校令成立過程の再検討」（『日本歴史』694号、2006年）。

宰相たちのデッサン — 幻の伝記で読む日本のリーダー

2007年5月22日　第1版第1刷印刷
2007年6月15日　第1版第1刷発行

編　集　御厨　貴《みくりや　たかし》
発行者　荒井秀夫
発行所　株式会社　ゆまに書房
〒101-0047　東京都千代田区内神田2-7-6
電話　03-5296-0491（営業）　03-5296-0492（編集）
FAX　03-5296-0493（営業）
組　版　有限会社　ぷりんてぃあ第二
印　刷
製　本　藤原印刷株式会社

ISBN978-4-8433-2381-6　C1021　定価：本体2,000円＋税
落丁・乱丁本はお取り替えいたします。